河出書房新社

Contents

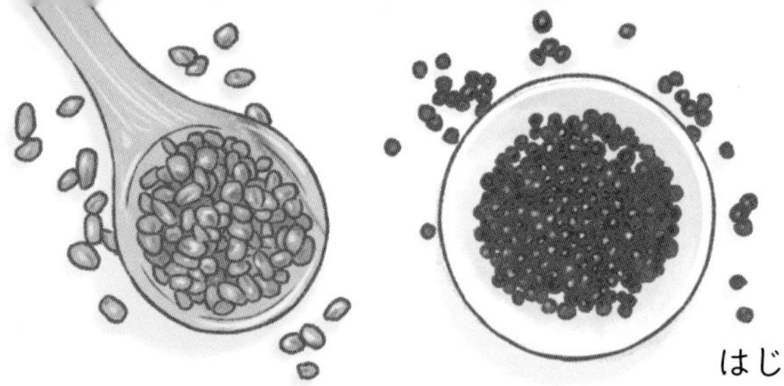

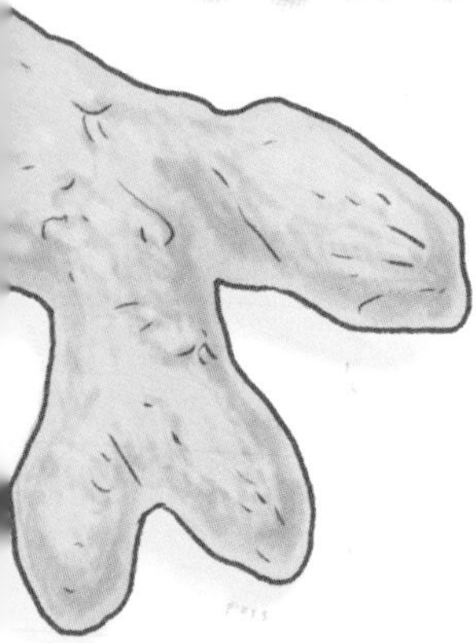

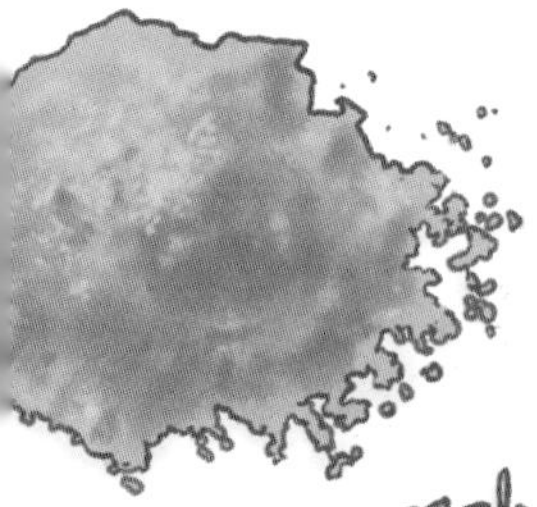

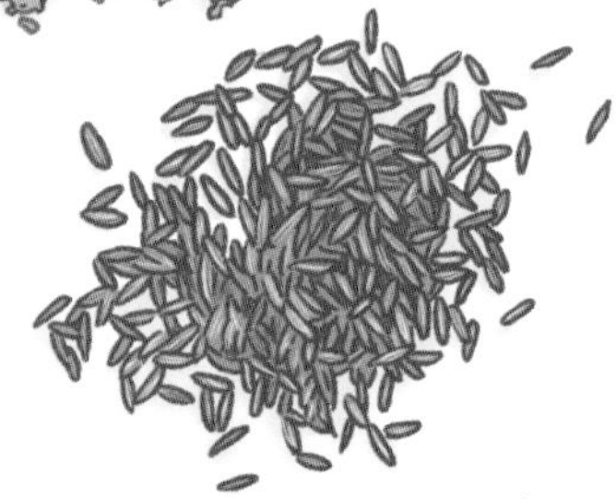

はじめに

近年、スパイスカレーがブームです。スパイスカレーの本場、大阪では行列のできるスパイスカレー屋さんが年々増えています。また、一昔前であれば、珍しかったであろうスリランカや南インドの本格カレーを提供する店も増え、世界の様々な形の「カレー」が日本人にとって、より身近になりつつあります。

私たち京大カレー部は、2010年に創立されてから今日に至るまで、スパイスカレーを研究してきました。スパイスカレーとは家庭で愛されてきたカレールウを使ったカレーとは違います。決まった形や概念が存在せず、好きな具材に好きなスパイスを組み合わせて作ることができ、多少の手間はかかりますが、自分だけの多様な味を生み出すことができます。

また、スパイスカレーには正解がありません。スパイスの配合、具材、塩や油の加減を微妙に変えて、より自分の感性に合う味に仕上げていく。そのプロセスは、いわば実験の連続であり、トライアンドエラーを繰り返しながら、舌と頭を使って完成形に近づけていく。だからこそスパイスカレーは、いつもワクワクする果てしなき研究テーマなのです。

京大カレー部４代目部長である石﨑楓さんが執筆した『京大カレー部スパイス活動』が世に出てからはや３年が経ちました。当初はカレーの食べ歩きのために結成された京大カレー部でしたが、やがて、カレーを食するだけでなく、自らカレーを作ろうとする同志が集うようになりました。

その代表だった大先輩・石﨑楓さんの『京大カレー部スパイス活動』は、読者である京大生に強い影響を与えました。やがて、スパイスカレーをより身近なものへという思いが強まり、続々と入部してきました。今では部員全員が互いに切磋琢磨して、美味しいオリジナルスパイスカレーの味を究めています。

また、情熱を持ったカレー部員が増えたことで、スパイスカレー活動もより個性的になりました。欧風カレー、インドカレー、中華系カレー、カレーうどん、ナンやチャパティなど、部員のレシピは日々増え続けています。
京大カレー部では、文化的かつ科学的に、様々な視点からいかに美味しいカレーが作れるのかを考察し学びます。ある者はカレーという食べ物が一番最初に生まれたインドの言語や文化を学び、ある者はグルタミン酸、イノシン酸などの旨味を抽出しつつカレーを作ります。
カレーはいわば部員一人一人のパレットです。スパイスや塩をひと振りしただけで、カレーはそれまでとは全く違う個性的な表情を見せてくれます。部員全員がカレー・アーティストとして、カレーという一皿の上に自分自身を表現しています。そんな作品としての多様性を尊重しつつ、私たち京大カレー部は日々研鑽しています。

現在の京大カレー部の活動は、部内でのカレー交流会にとどまらず、大学キャンパスでカレーを仕出ししたり、日本各地のイベントに出店させて頂いています。
京大カレー部の活動の源は、私たちのカレーを食べてくださったあとの笑顔と「美味しかったよ」の一言です。自分の感性を形にして最高のカレーを作ろうと研究した結果、誰かの幸福な時間を生み出す。何ものにも代え難い最高の瞬間です。
そんな創造的で刺激的な活動を願い、がむしゃらに邁進してきました。しかしながら、私たちが活動できる範囲にはどうしても限りがあります。研究の経過報告としてレシピを公開することにより、遠方の方にも召し上がって頂けるのではと思案している矢先に、再び書籍化の機会を賜りました。
公開するレシピは難易度順に易しいものからLEVEL：1〜5まで紹介しています。本書を手に取ることで、京都から遠く離れた方でも手軽に私たちのカレーを楽しんで頂けたら幸いです。願わくは、私たちのカレーで皆さんが笑顔になりますように……。

カレーは愛。愛こそカレー。それがジャスティス。

京大式スパイスカレーメソッドとは？

スパイスカレーの正しい作り方の法則はありません。ケーキやクッキーとは違って、手順を飛ばしてしまったりミスをしても、だいたいスパイスカレーにはなります。実際に本書に掲載している作り方も各レシピによってバラバラです。

スパイスカレーとは大海原なのです。多かれ少なかれ食材すべてを包み込む寛容さを持っており、完成へと至る航路がどうであれ、味の調整次第で、「個性を持ったスパイスカレー」として美味しく出来上がります。

そんなスパイスカレーの大海原を何のコンパスもなく進んでいると、ゴールが見えず道に迷ってしまい、「なんだか作るのが難しそう」とか「いろんな作り方があって、どれがベストなのかよくわからない」という事態になりがちです。

しかし、押さえておくべきポイントを頭に入れておけば、わからなくなることはありません。作り方次第でスパイスカレーの味がどう変わるのか、材料を入れるタイミングによってどう味が変化するのか、それぞれのターニングポイント（針路の向きを転ずる位置）を知っていれば、島々を巡るように航行し、お好みのゴールへとたどり着けるでしょう。

次に押さえておくべきポイントをご紹介しましょう。

★ホールスパイス（粉にしていない原型のもの）の香りを油に移す

最初に行う重要なプロセスです。スパイスの香り成分は脂溶性のため、加熱することでホールスパイスの香りをカレー全体のベースとなる香りとして、油に移します。煮込む時点でホールスパイスを加えても、水には香りがあまり溶けないので、水を加える前の段階で行うことが好ましいです。

また、ホールスパイスは香り成分が長時間出続けますので、最初に加熱した油を媒介にして加えておけば、他の食材を炒めたり煮込んでいる段階にも香りが全体になじむため効果を発します。ただし、もしこのプロセスを省略しても、パウダースパイスを加えることで、カレーにスパイスの香りを与えることは可能です。

★玉ねぎを炒める

玉ねぎはカレーのベースである、コクと深みのある味や甘味を生み出します。そこにはメイラード反応という化学反応が大きく関係しています。メイラード反応とは玉ねぎの糖分とアミノ化合物が反応し、味にコクを与える化合物と独特の香ばしさを生み出す成分が生じること。この反応は高温で時間をかけるほど進みます。

そのため、100℃を超える高温の油の中で、長時間玉ねぎを炒めた方がメイラード反応が起きやすく、他の材料を加えて温度が下がる前の段階で行った方が効果的です。また、メイラード反応はpHが高い方が早く出るので、重曹を加えると時間を短縮できます。

★にんにくとショウガを炒める

にんにくとショウガは、スパイスカレーに独特なコクや香りを与えます。加えなくても美味しいカレーにはなりますが、何かが足りないように感じさせる縁の下の力持ち的な役割があります。

加えるタイミングは、炒める時間によって完成したときの香りが変わるので、あくまでも縁の下の力持ち的な役割に徹してもらうのなら、調理の序盤に加え、ツンとした香りを残したい場合は調理の終盤に加えるといいでしょう。炒める時間が長くなれば、独特のツンとした香りは揮発していきます。

★トマトを炒める

トマトはスパイスカレーに酸味と強烈な旨味を与えます。トマトにはグルタミン酸という旨味成分が多く含まれており､炒めて水分を飛ばし凝縮させることで､ぐっとカレーの旨味を引き上げることができます。

カレーで使うトマトには生とトマト缶の２種類があり、使い方が大きく異なります。ホールトマト缶のトマトには、サンマルツァーノ種という、八百屋さんで見かけるのとは違うトマトが使われており、最初は酸味が強く、火を通すことで次第に酸味が消え､旨味が強くなる特長があります。

そこで､ホールトマト缶のトマトの場合は､調理の最初の段階で加え､長時間炒めた方がいいでしょう。一方、生のトマトの特長は、フレッシュな風味が強いので、あまり調理の最初の段階では加えないように、また加熱しすぎないように注意が必要です。

★パウダースパイスを混ぜる

カレーにスパイスの香りを加えます。ホールスパイスと同じく、油に香り成分が溶けやすいため、油が多い段階で加えた方が効果的です。ただ、ホールスパイスと違い粉末状なので、香り成分が揮発しやすく、炒める時間が長くなればなるほど香りは弱くなります。そのため、水分を加える直前くらいに加えるのが効果的です。

★具材､水を加える

具材は均等に火を通すために、水を加えて一緒に煮込みます。具材によって火が通る時間は違いますが､時間をかけて煮込むほど味は全体になじんでいきます。煮込めば煮込むほど味はまとまり、味が染みて具材は軟らかくなりますが、その一方で時間とともに香りは弱くなっていきますので、煮込む時間はお好みで調節してください。

LEVEL
1

01 記憶力向上！ 頭が良くなる吉田キャンパスカレー

鯖《さば》缶で簡単！　すりおろしリンゴの甘さが癖になるフィッシュカレー

材料（4人前）

鯖缶…1缶
リンゴ…1/2個
玉ねぎ…1玉
セロリ…1/2本
おろしにんにく…小さじ1
おろしショウガ…小さじ1
サラダ油…大さじ3
ホールトマト缶…1/2缶
塩…適量
パクチー…適量

〈パウダースパイス〉
コリアンダー…大さじ1
クミン…小さじ2
ターメリック…小さじ1
カイエンペッパー…小さじ1/3

作り方　　調理時間22分

①

②

③

④

⑤

⑥

① 玉ねぎをみじん切り、セロリは粗みじん切りにする。リンゴは皮ごとすりおろしておく。

② セロリと水200mℓを鍋に加え、15分ほど煮込む。

③ フライパンに油を熱し、玉ねぎ、にんにく、ショウガを加えたら強火にして飴色になるまで炒める。

④ ホールトマトを加えて潰しながら混ぜ、水分が飛んでペースト状になったら〈パウダースパイス〉と塩少々を加え、弱火にして2分ほどなじむまで混ぜる。

⑤ 鯖缶と茹でたセロリを煮汁ごと加えて混ぜ、身をほぐしながら5分ほど煮る。

⑥ すりおろしたリンゴを加え、塩で味を調整したら、パクチーを載せて完成。

鯖に多く含まれるDHAは、人間の体内では生成することができない脳を構成する必須アミノ酸成分です。食事によって摂取することで脳を活性化する効果があるとされています。また最近の研究によって、スパイスのターメリックを構成するクルクミンには、前頭葉の機能に働きかけることで認知症の予防や記憶力の向上に役立つことがわかってきました。さらにリンゴに含まれる糖分は単糖が多いので、食べてすぐに脳のエネルギーを補給することができます。

レシピ考案
田村夢海
［文学部4回生］

コツ

「カレーの仕上げの最終段階で味を調整する際、何か物足りないなと感じるときがあります。そんなときは塩を加えましょう。塩味には他の味を引き立てる効果があります」

02 じゃこさんおいでやす～蕪《かぶら》菜《な》のはんなりキーマ

蕪菜としらすを使い、豆乳でまとめあげた和風のキーマカレーにじゃこを散らしました

材料（4人前）

鶏ひき肉…300g
蕪菜…100g
しらす…100g
サラダ油…大さじ5
玉ねぎ…1玉
ホールトマト缶…1/2缶
おろしにんにく…大さじ1
おろしショウガ…大さじ1
豆乳…100㎖
料理酒…大さじ2
塩…適量
じゃこ…お好みの量

〈ホールスパイス〉
クミンシード…小さじ1

〈パウダースパイス〉
コリアンダー…大さじ1.5
カイエンペッパー…小さじ1
ターメリック…小さじ1
フェヌグリーク…小さじ1/2
ヒング…ふたつまみ

作り方

調理時間40分

①

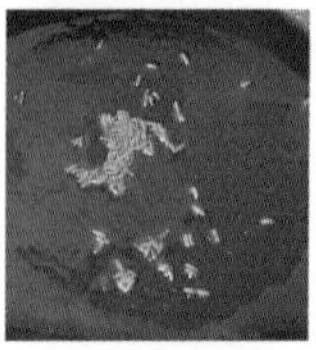
②

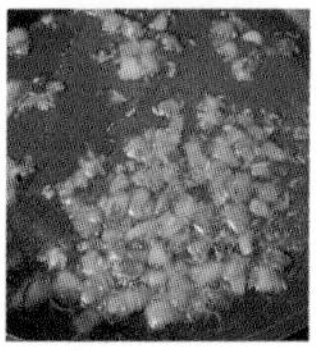
③

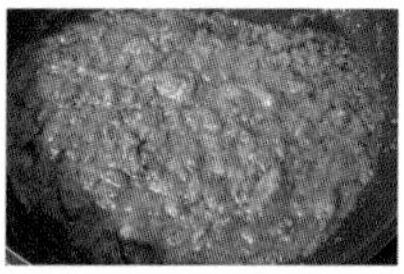
④

⑤

⑥

⑦

① 玉ねぎをみじん切りにする。蕪菜は3cm長くらいでざく切りにする。

② フライパンに油を熱し、〈ホールスパイス〉を加え、焦げる手前まで炒める。

③ 玉ねぎ、にんにく、ショウガを加え強火で炒める。飴色になったら〈パウダースパイス〉と塩少々を加え、香りが立つまで炒める。

④ トマト缶を加え、実を崩しながら中火で混ぜ、全体になじませる。

⑤ 鶏ひき肉を加え、強火で炒める。

⑥ 火が通ったら、蕪菜、しらす、料理酒を加えよく混ぜ、ふたをして弱火で10分ほど加熱する。

⑦ 豆乳を加え弱火で混ぜながら全体になじませ、塩分と水分の調整をして、じゃこを盛り付けて完成。

ふだんなら余ったら捨ててしまいがちな蕪菜を、気軽に美味しく消費できるカレーです。蕪菜との相性が間違いなしのしらすを具材にチョイスし、豆乳によって優しくまろやかな味に仕上げました。刺激的なスパイス感よりも全体のバランスを重視するため、スパイスの量は控えめにしています。忙しい人でも手軽に美味しいスパイスカレーが作れるように、比較的簡単なレシピとなっています。

レシピ考案
鈴木七央也
［工学研究科M1］

「豆乳が分離するのを防ぐため、豆乳を加え一度沸騰してからは、常に弱火で加熱しましょう。しらすは弱火で煮込むことで、火をあまり通さずに、魚の旨味を丁寧に引き出すことができます」

03 夕飯に出てきてほしいNo.1ジンジャーポークカレー

ピリッと感とまろやかさを掛け合わせた、みんなで一緒に食べたいカレー

材料（4人前）

豚バラスライス…300g
ショウガ…1片＋1/2片（後入れ）
にんにく…1片
サラダ油…大さじ3
玉ねぎ…1玉
ホールトマト缶…1/3缶
ココナッツミルク…200mℓ
塩…適量

〈ホールスパイス〉
カルダモン…3粒
クローブ…3粒

〈パウダースパイス〉
コリアンダー…大さじ1
クミン…小さじ1
カイエンペッパー…小さじ1
ターメリック…小さじ1

作り方 調理時間30分

①

②

③

④

⑤

⑥

① 玉ねぎ、にんにくをみじん切りにする。ショウガを千切り、豚バラを食べやすい大きさに切る。

② 豚バラを焼き目がつくまでフライパンで焼く。

③ 別のフライパンに油と〈ホールスパイス〉を入れて熱し、香りが出てきたら玉ねぎを加え、飴色になるまで強い中火で炒める。

④ にんにくとショウガ1片分を加え、にんにくの香りがしてきたらトマト缶を加えて炒め、水分を飛ばす。

⑤ 弱火にしてから〈パウダースパイス〉と塩を加えて全体になじませる。

⑥ 火を再び強めて豚バラ、後入れのショウガ、ココナッツミルク、水200mℓを加えて煮込む。好みの水分量になるまで煮込んだら、塩で味を調整して完成。

ショウガの食感が楽しめるカレーを作りたいと思い、大規模イベント用に考えたレシピです。ショウガをシャキッと噛《か》んだ時の味が際立つように、後入れにするところがポイントです。ココナッツミルクでショウガの辛さを際立てつつ、全体としてはマイルドなカレーに仕上げました。日本人なら誰でも好きであろう豚のショウガ焼きでもおなじみの、豚肉とショウガの相性をぜひ、夜ご飯にお楽しみください！

レシピ考案
塩津実久
［農学部4回生］

コツ

「豚肉は前もってこんがりと美味しそうに焼いておくと、余分な油が抜けて香ばしさが味わえます。また、後入れのショウガは食感を残すために、長めの千切りがオススメで、あまり煮込みすぎないようにしましょう」

04 野菜を食べるスープカレーという名の超手抜き栄養補給カレー

ヤル気が起きないような気分のときでも簡単に作れ、超インスタ映えで栄養も摂れる

材料（4人前）

玉ねぎ…1玉
パプリカ…1個
シシトウ…8本
カボチャ…150g
ヤングコーン…4本
コンソメ顆粒…大さじ1.5
カレー粉…大さじ1.5
塩…適量
サラダ油…大さじ2

作り方

調理時間10分

①

②

③

① 玉ねぎとカボチャとパプリカは火が通りやすいようにスライスする。

② カボチャは火が通りにくいので先に炒め始める。オーブン焼きでも可。

③ フライパンに油を熱し、野菜を少し焦げ目がつくくらいまで炒める。

④ カレー粉を加えてなじませた後、水800mℓとコンソメを加え、ひと煮立ちさせ、味を調整したら完成。

カレー粉とコンソメに頼って、スープカレーの神髄を思い切って表現します。野菜を焼き、一度カレー炒めにすることで、既製品らしさを薄めて、味に深みを出します。この種の手抜きメニューは、塩味濃い目の方が "それっぽい"。コンソメの素晴らしさよ。簡単な手順だからこその味見をお忘れなく。

コツ

「旬の野菜が一番美味しい！　野菜は季節に合わせて、お好みのものに変えても結構です」

レシピ考案
塚本祐太
［総合人間学部2回生］

05 ダーウィンもびっくり。進化論的レトルトカレー

スーパーの一番安いレトルトカレーが高級店の味に、圧倒的エボリューション！

材料（4人前）

レトルトカレー…4食分
赤ワイン…200mℓ
バター…80g
醤油…大さじ2
砂糖…大さじ2
塩…小さじ1/2
牛肉(カレー/シチュー用)…600g

〈パウダースパイス〉
クミン…小さじ1
クローブ…小さじ1/2
カルダモン…小さじ1/2

作り方 調理時間10分

①

②-1

②-2

②-3

① 牛肉を一口サイズに切り〈パウダースパイス〉と混ぜ合わせ30分ほどおく。

② 材料をすべて入れて混ぜ、なじむまで火にかける。焦げ付きそうになったら、水を適宜に加える。

ほんの少しの手間だけで、スーパーで売っている100円のレトルトカレーが美味しい上品なカレーに生まれ変われるのでは…!?と願ってやってみました。結果は見事に生まれ変わりました（笑）。これまでは手間暇かけて作っていたカレーも、こんなにも安く簡単で、しかも美味しくできてしまうということに、悔しくて仕方ないです。

レシピ考案
岡和來
［医学部4回生］

コツ

「何も特別なことは求めません。ただ書かれている材料をそのままぶっこんでください」

06 超時短3倍速トマトカレー

時間をかけなくてもすぐにできる、地味だけど独特の美味しさで勝負のトマトカレー

材料（4人前）

玉ねぎ…1玉
ホールトマト缶…1缶
トマトジュース…200mℓ
コンソメキューブ…1個
塩…適量
サラダ油…大さじ4

〈ホールスパイス〉
カルダモン…5粒
クローブ…4粒
マスタードシード…小さじ1
唐辛子…1本

〈パウダースパイス〉
コリアンダー…大さじ2
クミン…大さじ1.5
ターメリック…小さじ1/2
カイエンペッパー…小さじ1/2

作り方　調理時間15分

①

②

③

④

① 玉ねぎはあらかじめみじん切りにして冷凍保存しておく。スパイスもあらかじめ調合して、ミックススパイスとして使えるようにしておく。こうしておくことで時短になる。

② フライパンに油を多めに大さじ4ほど熱し、〈ホールスパイス〉を加え香りを移す。唐辛子が焦げないように注意する。

③ レンジで解凍した玉ねぎと塩をひとつまみ加え、強火で炒める。あまり混ぜないように炒める。

④ 色がついてきたら、トマト缶を加え水分を飛ばす。木べらで混ぜたときに鍋の底が見えるくらいになったら、〈パウダースパイス〉を加えてなじませる。

⑤ トマトジュース、コンソメを加えて、ひと煮立ちさせ、味を調整して完成。

　時短ならではの味を楽しむレシピ。常に強火で水分をどんどん飛ばしていき、他のレシピでのカレーベース作りにあたる時点で終了します。玉ねぎを一気に炒めてしまうのがポイント。唐辛子をスタータースパイスとして使うことで、短時間調理でもえぐみを減らしていますが、焦げると逆効果になるので気をつけて。

レシピ考案
塚本祐太
［総合人間学部2回生］

コツ

「玉ねぎを切って凍らせておくことで、切る時間の短縮と、水分の膨張で初めから細胞壁を壊し、炒める時間を短縮できるという一石二鳥。使いたいときにすぐ使えるのもグッド」

07 暑さをぶっ飛ばす夏野菜のキーマカレー

夏野菜３種を入れた真夏にぴったりなカレー。暑さも夏バテも吹っ飛びます！

材料（4人前）

鶏ひき肉…300ｇ
オクラ…10本
ゴーヤ…1/2本
ミニトマト…15個
サラダ油…大さじ5
玉ねぎ…1玉
ホールトマト缶…1/2缶
おろしにんにく…小さじ1
おろしショウガ…小さじ1
塩…適量

〈ホールスパイス〉
クミンシード…小さじ1
ローリエ…1枚

〈パウダースパイス〉
クミン…大さじ1.5
コリアンダー…大さじ1
ターメリック…小さじ1
カイエンペッパー…小さじ1
ヒング…ふたつまみ

作り方　調理時間50分

①

②

③

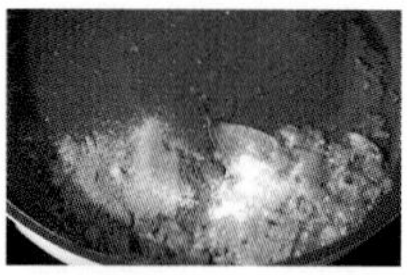
④

⑤

⑥

⑦

① オクラを輪切り、ミニトマトを半分に切る。ゴーヤはさいの目切りにして塩もみをする。玉ねぎをみじん切りにする。

② フライパンに油を熱し、〈ホールスパイス〉を入れてクミンシードが焦げる手前まで強火で炒める。

③ 玉ねぎ、にんにく、ショウガを加えて、飴色になるまで強火で炒める。

④ 飴色になったら〈パウダースパイス〉と塩を少々入れて、香りが立つまで強火で炒める。

⑤ トマト缶を加え崩しながら中火で混ぜ、水分を飛ばしながら全体になじませる。

⑥ 鶏ひき肉を加え、火が通るまで強火で炒める。

⑦ ゴーヤ、オクラ、ミニトマトの順番で火の通りにくい食材から加えて、炒めていく。火が通ったら塩・水分の調整をして完成。

　夏野菜はどれもスパイスカレーとの相性抜群です。このレシピはふんだんに夏野菜を使ったカレーを作りたいという思いから生まれました。そのため、野菜の旨味や味を引き出すためのスパイス構成となっています。特にローリエやヒングは野菜との親和性が抜群です。ローリエは日本人にもなじみがあるのに対して、ヒングはかなり癖が強く、そのまま嗅ぐと刺激的に感じますが、カレーに加えると最高の香りと深みをもたらしてくれます。

レシピ考案
鈴木七央也
［工学研究科M1］

コツ

「ゴーヤは丁寧に塩もみしましょう。そうすることで過度な苦味を抑えることができます。夏野菜は火を通す順番に気をつけましょう。一番火の通りにくいゴーヤから炒めて、次にオクラを粘り気が出るまで炒め、ミニトマトは崩れやすいので最後に、あまり火を通さないようにしましょう」

08 野菜ごろごろっとラタトゥイユキーマ

カレーも香ばしく大量に野菜を摂取可能な、いいとこ取りレシピ

材料（4人前）

玉ねぎ…1玉
ショウガ…1片
ナス…2本
ズッキーニ…1本
パプリカ…1個分
ピーマン…3個
セロリ…1本
鶏ひき肉…200g
サラダ油…大さじ4
トマトピューレ…大さじ1
塩…適量

〈ホールスパイス〉
カルダモン…3粒
シナモン…1片
クローブ…5粒
クミンシード…小さじ1
唐辛子…1本

〈パウダースパイス、ハーブ〉
コリアンダー…小さじ2
クミン…小さじ1
ターメリック…小さじ1/2
カイエンペッパー…小さじ1/2
ブラックペッパー…少々
パセリ…少々
タイム…少々
ローリエ…2枚

作り方 調理時間40分

①

②

③

④

⑤

① 野菜をすべて一口大の角切りにする。

② 油をフライパンに熱し、〈ホールスパイス〉を加え、香りが立ってくるまで炒める。

③ ナスと玉ねぎを加え、油を吸わせるように炒める。玉ねぎが透き通ってきたら、残りの野菜もすべて入れしんなりとするまで炒める。シナモンは取り出しておく。

④ 鶏ひき肉を加えて炒める。
焼き色がついてきたら、トマトピューレ、〈パウダースパイス、ハーブ〉を加え、混ぜながら炒める。

⑤ 塩で味を調整して完成。

フランス料理を基盤にカレーを作ります。ふだんカレーではあまり使わない香味野菜やハーブが決め手です。名前はキーマカレーではありますが、野菜煮込みにチキンスープカレーを加えるイメージです。

レシピ考案
塚本祐太
［総合人間学部2回生］

コツ
「最初の段階でしっかりと油にスタータースパイスの香りを移すことが大切です。ショウガの香りが、油から香るまでゆっくりと待ちましょう。唐辛子は焦げやすいので野菜を入れる直前に」

09 ウルトラ旨味凝縮濃厚無水キーマ

ハイカロリーで濃い味万歳、水を加えずに具材の味を凝縮

材料（4人前）

玉ねぎ…1玉
おろしにんにく…小さじ1/4
おろしショウガ…小さじ1/4
サラダ油…大さじ2
ホールトマト缶…1缶
合ひき肉…300g
塩…適量

〈ホールスパイス〉
カルダモン…3粒
クローブ…3粒
シナモン…1片
ブラックペッパー…5粒
ローリエ…1枚
タイム…少々
ローズマリー…少々

〈パウダースパイス〉
コリアンダー…大さじ1
クミン…小さじ1
ターメリック…小さじ1/2
カイエンパウダー…小さじ1/4

作り方　　調理時間1時間

①

②

③

④

⑥

⑥

① 玉ねぎをみじん切りにする。

② 鍋に油を熱し、玉ねぎ、にんにく、ショウガ、塩少々を加え、強火で炒める。

③ 玉ねぎが濃い目の飴色になったら、トマト缶の汁気を除いて加え、潰しながら炒める。

④ 水分が飛んできたら〈パウダースパイス〉を加え、なじませるように混ぜる。

⑤新しい鍋を用意し、ひき肉を加え、強火で表面を焼いた後、〈ホールスパイス〉、塩少々を加え、ふたを閉めて弱火で煮込む。

⑥ ひき肉の水分が飛んできたら、④の鍋に加え、なじむまで混ぜ合わせて完成。

一度食べたら忘れられない味を求めて、研究に研究を重ねた自信作。水を入れずに煮込むことで具材の味が濃縮され、美味しさが増していきます。凝縮された野菜、ガツンと濃厚な肉の旨味、鼻に抜ける強烈なスパイスの香りがやみつきになること間違いなし！

レシピ考案
三浦大知
［工学研究科M1］

コツ

「ひき肉から出た油でスパイスを煮込むようにして調理を行います。底面積が小さい鍋を使うと上手く作ることができます」

10 田舎の母ちゃんのカボチャ煮カレー

日本人ならみんな大好き、実家の味をカレーに

材料（4人前）

玉ねぎ…1.5玉
ホールトマト缶…1/2缶
カボチャ…200g
豚ブロック肉…200g
ゴマ油…大さじ3
おろしにんにく…小さじ1
おろしショウガ…小さじ2
醤油…小さじ1.5
砂糖…小さじ4
料理酒…小さじ1
みりん…小さじ1
和風だし顆粒…小さじ1
ハチミツ…大さじ1.5
塩…適量

〈ホールスパイス〉
マスタードシード…小さじ1
クミンシード…小さじ1
クローブ…10粒
ブラックペッパー…小さじ1

〈パウダースパイス〉
コリアンダー…大さじ1.5
クミン…大さじ1
ターメリック…小さじ2
ガラムマサラ…小さじ2

作り方　　調理時間1時間

①

②

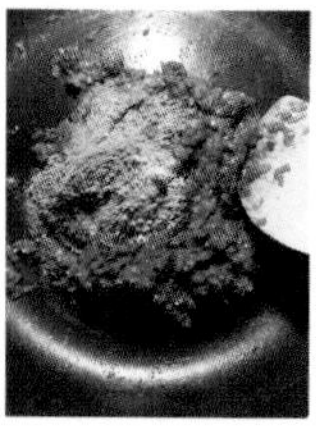
③

④

⑤

① カボチャを5cmくらいのブロックになるように切り、ラップをかけてレンジで3分くらい加熱し軟らかくする。豚ブロック肉を一口大に切る。玉ねぎはみじん切りにする。

② フライパンに油と〈ホールスパイス〉を加え熱する。スパイスの香りが立ってきたら、玉ねぎ、にんにく、ショウガを加え強火で炒める。

③ 玉ねぎが色づいてきたら、トマト缶を加える。実を崩しながら炒めていく。水分が飛んできたら、〈パウダースパイス〉を加えてなじむまで混ぜる。

④ 豚肉を加えて、表面にしっかり焼き色がつくまで炒める。焼き色がついたら水600mℓ、醤油、料理酒、みりん、砂糖、和風だし顆粒、ハチミツをすべて加えてよく混ぜる。

⑤ 混ざったらカボチャを入れ、ふたをして弱火で30分以上煮込む。最後に塩で味を調整して完成。

和食の定番料理、カボチャと豚肉の甘辛煮をカレーに昇華させた一品。ピリリと香るマスタードが、カボチャの甘味を際立たせます。大学の学園祭で出品するにあたって、なるべく多くの人に食べてもらいたいと考えた結果、定番の家庭料理をアレンジしたカレーならば、スパイスから作っていてもすんなりと受け入れてくれるかなと思い作りました。

レシピ考案
三浦大知
［工学研究科M1］

コツ

「カボチャが煮崩れ、カレーに溶け込むまでじっくり煮込みましょう。全体がドロッとしてきたら完成です」

【研究コラム１】

京大カレー部的〈カレーの定義〉とは？

Q これはカレーですか？ Yes / No

　京大カレー部の部員たちが集まって話をしていると、たびたび「〈カレーの定義〉とは一体何なのか？」という話題が上ります。この議論には正解がないので、料理研究家もそれぞれ持論を展開しています。そこで今回部内でアンケートを採り、その結果を分析することで京大カレー部の中での〈カレーの定義〉を部員みんなで考えてみることにしました。

　アンケートの採り方は、料理の画像を見せながら、順に「これはカレーですか？」という質問を行い回答を集める方式です。この質問の結果、「Yes」の割合が大きいものほど、部内でカレーとして認められている料理であるという認識になります。

　また同時に記述式の質問も行いました。その結果、最も多く寄せられていた回答は「スパイスを用いた煮込み料理」というものでした。意外なのはビリヤニやガパオライスは「スパイスを用いた煮込み料理」であるにもかかわらず、「カレーではない」と部員に判断されている割合が大きいことです。

「カレーである」と認識する割合の多いトムヤムクンや麻婆豆腐と「カレーではない」と認識する割合の多いビリヤニやガパオライスとの大きな違いは、汁気の有無です。

　この事項を踏まえて〈カレーの定義〉を改めて整理すると、「スパイスを用いた汁気のある煮込み料理」になるでしょう。この定義で、大方の料理をカレーかカレー以外かに分類できるのではないかと思います。

　しかし実はこれだけでは定義できない料理も存在しています。例えばカレーパンです。カレーパンは先ほどカレーの条件として定義した汁気はほとんどありませんし、煮込み料理とも断言し難い。しかし我が国ではカレーとして認知されてきた歴史もある。さて、一体どうしたものだろうか、ここまで来てカレーの定義付けに難航していたところ、京大カレー部が代々語り継いでいる座右の銘が頭をよぎりました。

『カレーは愛。愛こそカレー。それがジャスティス』、これこそが京大カレー部にとって、カレーのあるべき姿なのではないだろうかと稲妻に打たれたかのように感じました。

　カレーとは自己表現であり、自分の想いを込めた愛すべきもの。食べ手が決めるものではなく作り手が決めるもの。作り手がカレーといったら、それはカレーなのです。

　これこそが多種多様な個性を持った部員が集まり、それぞれが思い思いのカレーを作り合って活動する京大カレー部にとって、ぴったりの〈カレーの定義〉なのです。

LEVEL 2

11 ルウもトッピングもアボカド尽くしキーマ

アボカドをベースにもトッピングにも使った、コクのあるキーマカレー

材料（4人前）

玉ねぎ…1玉
トマト…1個
鶏ひき肉…300g
おろしにんにく…小さじ2
おろしショウガ…小さじ2
サラダ油…大さじ3
アボカド…3個
塩…適量

〈ホールスパイス〉
唐辛子…4本
クミンシード…小さじ1

〈パウダースパイス〉
コリアンダー…大さじ2
クミン…小さじ2
ターメリック…小さじ2
カイエンペッパー…小さじ1
ブラックペッパー…小さじ1
パプリカパウダー…小さじ1

作り方　調理時間30分

①

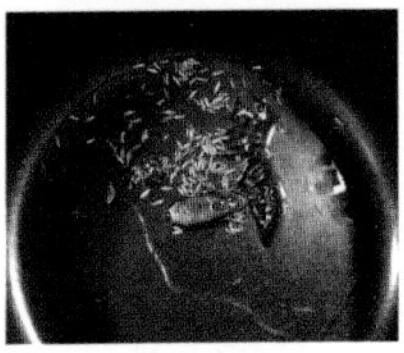
②

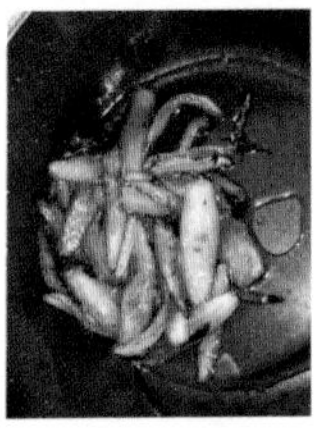
③

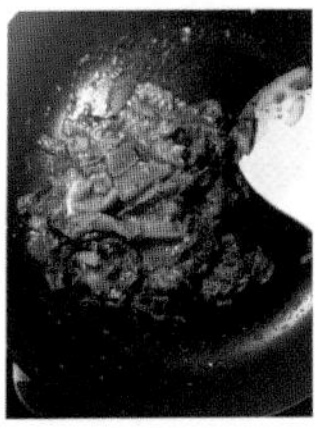
④

⑤

① アボカド2個を輪切りにして炒め、火が通ったら潰してペースト状にし別皿に取る。玉ねぎをみじん切りにする。トマトを炒めやすいサイズに切る。

② フライパンに油と唐辛子を加え弱火で熱する。色が黒くなったらひっくり返し、両面が黒くなったらクミンシードを加える。

③ 香りが立ってきたら、玉ねぎ、にんにく、ショウガ、塩小さじ1を加え、強火で熱する。玉ねぎが色づいてきたら水50mlを加え、さらに炒める。水気が飛んだら、火を止め〈パウダースパイス〉を加え、弱火にして混ぜる。

④ トマトを加えて強火にし、水気が飛ぶまで混ぜる。水気が飛んだら中火にし、ひき肉を加えて混ぜる。水200mlを加え、ふたをして10分ほど煮込む。

⑤ ペースト状に潰したアボカドを加えて混ぜる。なじんだら塩で味を調節する。

⑥ アボカド1個をさいの目切りし、パプリカパウダー（分量外）、塩少々で味付けし、カレーに添えたら完成。

アボカドのことが大好きで、アボカドをどうしてもカレーに使用したくて考えたレシピです。どうやったらいっぱいアボカドを食べられるのかを考えた結果、カレーのベースにもトッピングにも、両方使えば2倍食べられると気づきました。アボカド自体にとてもコクがあるため、たくさん使ったこのカレーもコクがあり、美味しく仕上がっています。

レシピ考案
津井研人
［工学研究科M2］

コツ

「マサラに使用するためにアボカドを炒めることで青っぽさをなくすのがポイントです。トッピングのアボカドは見た目もかわいくて、他のカレーに合わせるのもオススメです」

12 レモン香る秋のキノコのクリームコンツェルトカレー

柑橘《かんきつ》とブラックペッパーの爽《さわ》やかさ、ココナッツミルクの優しさを楽しめるカレー

材料（4人前）

玉ねぎ…1玉
ホールトマト缶…1/2缶
おろしにんにく…小さじ1
おろしショウガ…小さじ1
サラダ油…大さじ4
鶏もも肉…300g
エリンギ…100g
舞茸…100g
しめじ…100g
ココナッツミルク…100mℓ
豆乳…400mℓ
塩…適量
砂糖…大さじ1
コンソメキューブ…1個
レモン汁…大さじ3

〈ホールスパイス〉
唐辛子…3本
コリアンダーシード…大さじ2
陳皮…大さじ1

〈パウダースパイス〉
コリアンダー…大さじ1.5
ガラムマサラ…大さじ1.5
ターメリック…小さじ1.5
ブラックペッパー…大さじ1
カルダモン…小さじ1
クローブ…小さじ1

作り方　調理時間40分

①

②

③

④

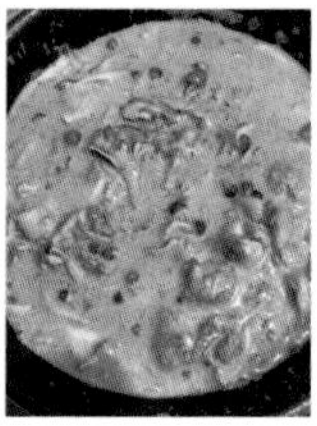
⑤

① 鶏もも肉を一口大に切る。舞茸、しめじは石突きを取り、エリンギは薄くスライス。玉ねぎはみじん切りにする。

② フライパンに油を熱し、〈ホールスパイス〉を加える。泡が出てきたら唐辛子を取り除き、玉ねぎを加えて強火で炒める。茶色く色づいてきたら、にんにくとショウガを加え、臭みが飛ぶまで炒める。

③〈パウダースパイス〉を加えてよく混ぜ、なじんだらトマト缶を加えて崩しながら炒める。ペースト状になるまで水分を飛ばす。

④ 鶏もも肉を加えて火を通す。表面がすべて白くなったら、キノコ類をすべて加えて混ぜながら炒める。

⑤ キノコがしんなりしてきたら、ココナッツミルク、豆乳、水100mℓ、コンソメ、砂糖を加えて弱火で煮込む。最後にレモン汁を加え塩で味を調整したら完成。

南インドのタマリンドを使った酸味のあるカレーが好きで、学祭で出店するときに酸味のあるカレーを作りたかったんです。でも、みんなが食べやすいカレーにするために、レモンで酸味を出そうと考えました。3種のキノコで味も食感も多層的に仕上がりました。砂糖を加えることによって柑橘系の苦味は緩和されます。

レシピ考案
高島真央
［法学部3回生］

コツ

「レモン汁の代わりに塩レモンを使うことによって、より立体的に味を感じられます。ただし苦味が出る場合がありますので、苦味が苦手な方はレモン汁をお使いください」

13 スモークオイルサーディンで簡単に作れる旨味爆発フィッシュカレー

市販品を使って誰でもすぐにできる、燻製《くんせい》の香りが効いたフィッシュカレー

材料(4人前)

スモークオイルサーディン…250g
サラダ油…大さじ2
玉ねぎ…1玉
ホールトマト缶…1/2缶
おろしにんにく…小さじ1
おろしショウガ…小さじ1
レモン汁…小さじ1
パクチー…適量
塩…適量

〈ホールスパイス〉
マスタードシード…小さじ1
フェヌグリーク…小さじ1

〈パウダースパイス〉
コリアンダー…大さじ1.5
ターメリック…小さじ1
カイエンペッパー…小さじ1
パプリカパウダー…小さじ1/2

作り方 調理時間40分

①

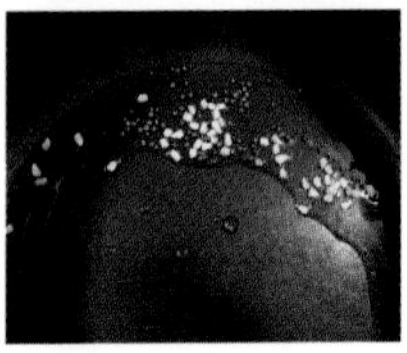
②

③

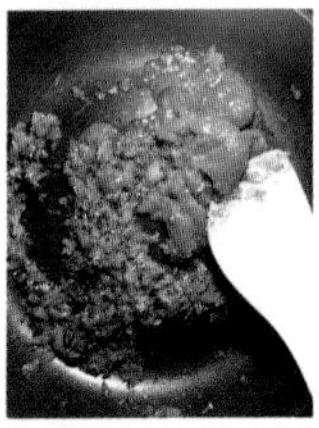
④

⑤

① 玉ねぎをみじん切りにする。

② フライパンにサラダ油とスモークオイルサーディンが漬かっていたオイル大さじ2を熱し、〈ホールスパイス〉を加えて炒める。マスタードシードがはじけ、フェヌグリークが焦げる手前まで炒める。

③ 玉ねぎ、にんにく、ショウガを加えて強火で炒める。飴色になったら、〈パウダースパイス〉と塩を少々加え、香りが立つまで炒める。

④ トマト缶を加え、実を崩しながら中火で混ぜ、全体になじませ水分を飛ばす。

⑤ スモークオイルサーディン、レモン汁、水200㎖を加えよく混ぜて、ふたをして弱火で5分ほど煮込む。

⑥ 塩・水分の調整をして、刻んだパクチーを盛り付けて完成。

カルディやリカーマウンテンなどで売っている、燻製にしたオリーブオイルで作られた市販のスモークオイルサーディン。酒の肴として最高の逸品です。これを使って簡単にフィッシュカレーを作りたいという思いから、このレシピが生まれました。燻製の香りを重要視しているため、スパイスは最低限の種類に抑えています。しかし、スパイスの香りや刺激もしっかり感じられます。仕上げに加えるパクチーが、薫香《くんこう》とスパイスをまとめあげる素晴らしい働きをしてくれます。

レシピ考案
鈴木七央也
[工学研究科M1]

コツ

「カレーのスターターとして、サラダ油と燻製にしたオリーブオイルを1:1にすることで、燻製の香りがカレー全体に広がり、かつスパイスの香りを邪魔しない仕上がりになります。スモークオイルサーディンは形が崩れない程度に、あまり火を通しすぎないように気をつけましょう」

14 朝イチでも全然いける味噌と豆腐のチキンカレー

食べ応え抜群なのに低カロリー、「和」をテーマに開発したカレー

材料（4人前）

鶏もも肉…300g
牛脂…30g
サラダ油…大さじ1
玉ねぎ…1玉
にんにく…1片
ショウガ…2片
ホールトマト缶（実だけ）…1缶
豆腐…1丁
ココナッツミルク…200mℓ
ローリエ…1枚
ウスターソース…小さじ1/2
味噌…小さじ2
砂糖…小さじ1
料理酒…小さじ1
和風だし顆粒…小さじ1
塩…適量

〈ホールスパイス〉
マスタードシード…小さじ1
シナモン…1片
クローブ…4粒
カルダモン…3粒

〈パウダースパイス〉
クミン…大さじ1.5
コリアンダー…大さじ1
ターメリック…小さじ1
カイエンペッパー…小さじ1/2

〈テンパリングスパイス〉
カレーリーフ…5枚
唐辛子…2本

作り方

調理時間40分

①

②

③

④

⑤

⑥

① 玉ねぎをみじん切りにする。にんにくとショウガをすりおろす。鶏肉は一口大に切る。

② フライパンに牛脂を熱し、溶けたら〈ホールスパイス〉を加え炒める。香りが立ってきたら玉ねぎ、にんにく、ショウガを加え、強火で炒める。

③ 飴色になったら、トマト缶を加え崩しながら炒めていく。

④ 水分が飛んできたら〈パウダースパイス〉を加え、なじむまで軽く炒める。

⑤ 鶏肉を加え、焼き色がつくまでマサラと和えながら炒める。色がついたら、水200mℓとココナッツミルクとローリエを加え煮込む。温まったら、ウスターソース、味噌、砂糖、料理酒、和風だし顆粒を加え、よく混ぜる。

⑥ 豆腐を加え、崩しながら煮込む。

⑦ 別のフライパンに油と〈テンパリングスパイス〉を加え弱火で熱し、香りが立つまでテンパリングする。カレーに加え、塩で味を調整したら完成。

「和」をテーマに開発したカレー。味噌がスパイスと豆腐の橋渡しとなり、一体感のある味に仕上がっています。ボリューミーなのにヘルシー、特に女性にオススメしたいカレーです。京都でイベント出店を行った際に考えたレシピです。

レシピ考案
三浦大知
［工学研究科M1］

コツ

「牛脂を使うことで食べ応えアップ。牛脂がない場合は、サラダ油でも美味しく作ることができます。豆腐の崩し具合はお好みで」

15 マグロのたたきで作る贅沢魚介キーマ

マグロ、イカ、鶏、野菜、あらゆる旨味を贅沢に掛け合わせたキーマカレー

材料（4人前）

イカ…200g
マグロのたたき…200g
鶏ひき肉…200g
カレーリーフ…10枚
サラダ油…大さじ6
玉ねぎ…1玉
ホールトマト缶…1/2缶
すりおろしにんにく…大さじ1
すりおろしショウガ…大さじ1
ウイスキー…大さじ1
塩…適量

〈ホールスパイス〉
フェヌグリーク…小さじ1
フェンネル…小さじ1/2

〈パウダースパイス〉
コリアンダー…大さじ1
カイエンペッパー…小さじ1
ターメリック…小さじ1
パプリカパウダー…小さじ1

作り方　　調理時間50分

①

②

④

⑥

⑦

⑧

① 玉ねぎをみじん切りにする。イカは一口サイズに切る。

② 油大さじ1をフライパンに入れて熱し、イカ、カレーリーフを加えて、イカの水分を飛ばしながら、弱火で表面を焼いておく。

③ 油大さじ5を熱したところに、〈ホールスパイス〉を入れて、焦げる手前まで強火で炒める。

④ 玉ねぎ、にんにく、ショウガを加えて、強火で炒める。

⑤ 飴色になってきたら〈パウダースパイス〉と塩を少々加え、香りが立つまで炒める。

⑥ トマト缶を加え崩しながら中火で混ぜ、全体になじませる。

⑦ 鶏ひき肉、マグロのたたきを加え、火が通るまで強火で炒める。

⑧ イカ、カレーリーフ、ウイスキー、水100mℓを入れて、アルコールを飛ばしてから、塩・水分の調整をして完成。

マグロのたたきをスーパーで見かけた瞬間、これをキーマカレーにしたらどうなるのだろうと、疑問が浮かんだことから実験的に生まれたカレーです。こうして誕生したマグロのたたきキーマを、それ以前に作ったイカキーマと掛け合わせてみたところ、爆発的な美味しさのカレーが誕生しました。ホールスパイスは魚介との相性が良いスパイスを中心にチョイスしました。仕上げに加えるウイスキーがカレーに深みをもたらします。

レシピ考案
鈴木七央也
［工学研究科MI］

コツ

「イカを油とカレーリーフとともに炒めることで、イカの旨味とカレーリーフの香りを引き出し、カレーに移します。また、マグロのたたきだけでなく、鶏ひき肉をブレンドすることで、重厚な旨味をもつカレーに仕上がります」

16 森のくまさんハニーカレー

熊も冬眠から目覚める美味しさ、鮭とたっぷりのハチミツを使った優しいカレー

材料（4人前）

鮭…切り身3切れ
しめじ…1株
玉ねぎ…1玉
ターメリック…大さじ1
にんにく…1片
ショウガ…1片
サラダ油…大さじ3
ホールトマト缶…1缶
ヨーグルト…大さじ2
ココナッツミルク…100mℓ
ハチミツ…大さじ4
醤油…小さじ1
塩・コショウ…少々

〈ホールスパイス〉
クミンシード…小さじ1
クローブ…6粒
カルダモン…6粒
マスタードシード…小さじ1
フェヌグリーク…小さじ1/2

〈パウダースパイス〉
コリアンダー…大さじ2
クミン…大さじ1
カイエンペッパー…小さじ1

〈テンパリングスパイス〉
青唐辛子…2本
チリペッパー…小さじ1/2

作り方　調理時間40分

①

① 鮭の表面に塩・コショウをすり込んで下味をつける。しめじは石突きを取る。玉ねぎは薄切りにスライスする。にんにくとショウガはすりおろす。青唐辛子は輪切りにする。

②

② フライパンに油大さじ2と〈ホールスパイス〉を加えて熱する。香りが立ってきたら、玉ねぎとターメリックを加え強火にして炒める。

③

③ 玉ねぎが色づいてきたら、にんにく、ショウガ、ホールトマトを加え、水分が少なくなるまで崩しながら炒めていく。水分が飛んだら〈パウダースパイス〉を加えなじむまで混ぜる。

④

④ ヨーグルトとココナッツミルクを加えて、ダマにならないようによく混ぜる。

⑤

⑤ 鮭としめじを加え表面にしっかり火が通ったら水400mℓとハチミツと醤油を加え、鮭をほぐしながら煮込む。

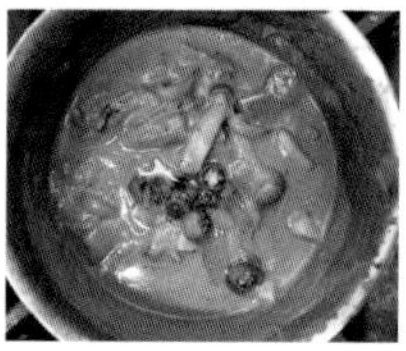
⑥

⑥ 別のフライパンに油大さじ1と〈テンパリングスパイス〉を加え、弱火でテンパリングする。カレーにかけて、塩とハチミツで味を調整したら完成。

鮭とハチミツという、くまさんが大好物の食材を組み合わせた優しい味のカレー。鮭としめじ、秋の味覚をふんだんに使い、見た目も華やかに仕上がりました。ハチミツの甘さでコクが生まれ、食べ応えのある味になります。大阪でイベント出店をした際に大好評だったカレーです。

レシピ考案
三浦大知
［工学研究科M1］

コツ

「たっぷりのターメリックが香りの決め手。特有の土臭さを抑えるために、最初に玉ねぎと炒めます。焦げやすいので気をつけて」

17 スタイリッシュさとパンチを兼ね備えたカボチャのカレー

意外とあっさりしていて食べやすいのにしっかりと旨味がある南国感漂うカレー

材料（4人前）

玉ねぎ…1玉
カボチャフレーク…大さじ3
ケチャップ…大さじ2
鶏もも肉…200g
おろしにんにく…小さじ2
おろしショウガ…小さじ2
サラダ油…大さじ3
バター…20g
ココナッツミルク…150mℓ
ブラックペッパー…小さじ1
ガラムマサラ…少々
塩…適量

〈ホールスパイス〉
唐辛子…4本
クミンシード…小さじ1
カルダモン…4粒

〈パウダースパイス〉
コリアンダー…大さじ2
ターメリック…小さじ2
オールスパイス…小さじ2
クミン…小さじ1
カイエンペッパー…小さじ1

作り方　調理時間30分

①

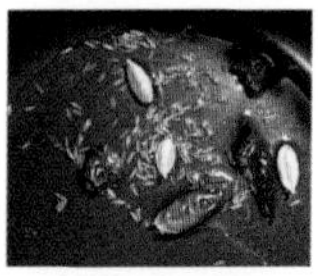
②

③

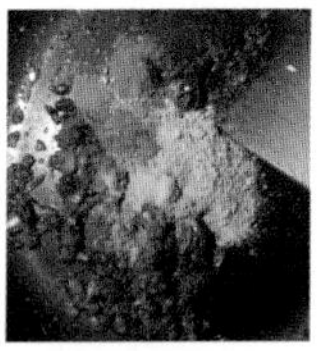
④

⑤

⑥

⑦

① 玉ねぎをみじん切りにする。

② フライパンに油と唐辛子を加え弱火で熱する。色が黒くなったらひっくり返し、両面が黒くなったらクミンシード、カルダモンを加える。

③ 香りが立ってきたら玉ねぎ、にんにく、ショウガ、塩小さじ1を加え、強火で熱する。玉ねぎが色づいてきたら水50mℓを加え、水分が飛ぶまで混ぜる。

④ 水分が飛んだら火を止め、〈パウダースパイス〉、バターを加え、弱火にして混ぜる。

⑤ 鶏もも肉とケチャップを加えて火を通す。

⑥ ココナッツミルク、水100mℓを加え、10分ほど煮込み、カボチャフレークを加えた後、ひと煮立ちさせる。

⑦ 塩で味を調整し、ガラムマサラとブラックペッパーを加えて仕上げる。

ココナッツミルクとカボチャ、どちらも優しい風味で合わせると調和します。さらにオールスパイスやクローブといった、お菓子にも使われる甘い香りのスパイスとの相性も抜群です。

レシピ考案
津井研人
[工学研究科M2]

コツ

「レシピではカボチャフレークを使用していますが、レンジで軟らかくしたカボチャを使用しても美味しく仕上がります。カボチャが多いと味が濃くなりすぎるので、少しずつ加えてください」

18 鱈《たら》のレモンバターソテー仕込みカレー

あっさりとした鱈とコクのあるバターのバランスがとれた、具だくさんフィッシュカレー

材料（4人前）

鱈…200g
しめじ…1/2株
レモン…1/2個
玉ねぎ…1/2玉
サラダ油…大さじ2
おろしにんにく…小さじ1/2
おろしショウガ…小さじ1/2
トマトピューレ…大さじ1
バター…10g
塩…適量

〈パウダースパイス〉
コリアンダー…大さじ2
クミン…小さじ1
ターメリック…小さじ1/2
パプリカパウダー…小さじ1
カルダモン…小さじ1
ガラムマサラ…小さじ1
ブラックペッパー…適量

作り方　調理時間30分

①

① 玉ねぎ、レモンを薄切りにスライスし、盛りつけ用に1枚取り分けておき、しめじは石突きを取る。

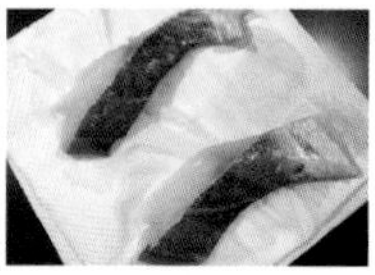
②

② 鱈は塩（分量外）をすり込み10分ほど置いて、水で洗ってキッチンペーパーで拭く。

③

③ 小麦粉（分量外）を薄くまぶし、フライパンにオリーブオイル（分量外）をひいて、中火で表面が色づく程度に焼く。

④

④ 別のフライパンに油を熱し、中火で玉ねぎを炒める。ある程度茶色く色づいたら、にんにく、ショウガを加えて軽く火を通し、〈パウダースパイス〉と塩少々を加えて2分ほど炒める。焦げ付きそうなら水を適宜に加える。

⑤

⑤ トマトピューレを加えて混ぜ合わせ炒める。水分が飛んだらしめじを加え、油を吸わせたら水300mℓを加えてなじませる。

⑥

⑥ 数分煮たら、③で焼いた鱈を入れて、さらに10分ほど煮る。

⑦

⑦ 塩で味を調整したらバターを溶かし、最後にレモンを加えて1分煮る。レモンは加熱しすぎると苦味が出るので、風味が加わったらすぐに取り出し、盛りつけ用の薄切りレモンを1枚のせて完成。

肉を使うカレーを作ることが多く、ふだんは使わない魚を使ったカレーが作りたかったので、そのときの旬だった鱈を使ったカレーを考えてみました。鱈はあっさりとしているのでバターとキノコで深みを出しつつ、くどくなりすぎないようにレモンの爽やかさをプラスすることで、食感も香りもバランスのとれたカレーになりました。

レシピ考案
田村夢海
［文学部4回生］

コツ

「鱈にきちんと小麦粉をつけることで、煮崩れしにくく、かつルウにとろみをつけることができます。レモンの加熱しすぎは厳禁！　香りが移ったらすぐに取り出しましょう」

19 台湾の香り漂う豚スペアリブのカレー

しっかりとグリルしたスペアリブ、魯肉飯《ルーローファン》から着想を得たカレー

材料（4人前）

豚スペアリブ…400g
サラダ油…大さじ5
玉ねぎ…1玉
ホールトマト缶…1/2缶
おろしにんにく…小さじ1
おろしショウガ…小さじ1
紹興酒…大さじ2
醤油…大さじ2
みりん…大さじ2
塩…適量

〈パウダースパイス〉
五香粉《ウーシャンフェン》…大さじ2
コリアンダー…小さじ2
ターメリック…小さじ1
ブラックペッパー…小さじ1
カイエンペッパー…小さじ1/2

作り方　調理時間1時間

①

① 玉ねぎをみじん切りにする。豚スペアリブは焼き色がつくまでグリルしておく。

②

② フライパンに油を熱し、玉ねぎ、にんにく、ショウガを強火で炒める。

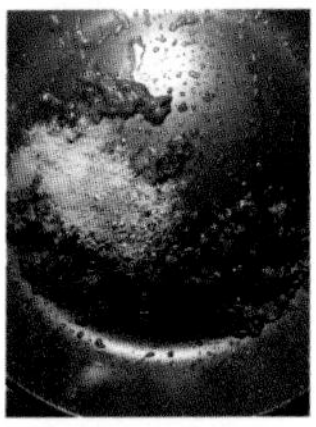
③

③ 飴色になったら〈パウダースパイス〉と塩を少々加える。香りが立つまで炒める。

④

④ ホールトマトを加え、実を崩しながら中火で混ぜて、全体になじませる。

⑤

⑤ 豚スペアリブ、醤油、紹興酒、みりん、水100mℓを加え、よく混ぜて沸騰したら、ふたをして弱火で20〜30分ほど煮込む。塩分と水分を調整して完成。

台湾でよく使われるミックススパイス「五香粉」を主役にしたカレーを作りたいという思いから、このレシピが生まれました。魯肉飯をモデルにしており、一風変わったカレーにするために、豚スペアリブを具材としてチョイスしました。しっかりと焼き色がつくまでグリルした豚スペアリブがやみつきになるカレーです。通常のスパイスカレーには入れない調味料である醤油、みりん、そして紹興酒が全体の味をまとめあげています。

レシピ考案
鈴木七央也
［工学研究科M1］

コツ

「豚スペアリブ全体に火が通るよう、しっかりグリルしましょう。そうすることで、調理時間を減らし、加熱によってスパイスの香りが飛ぶのを防ぐことができます」

20 香り七変化♪ 柚子と黒豆茶のビンダルー

一口でカレーの風味がコロコロ変わる、ポン酢の酸味が効いた豚のカレー

材料（4人前）

豚バラ肉…500ｇ
サラダ油…大さじ4
ホールトマト缶…1/2缶
玉ねぎ…２玉
柚子…１個
にんにく…１片
合わせだし（昆布＆鰹）…1/2袋
黒豆茶…３パック
塩…適量

〈ホールスパイス〉
カルダモン…６粒
スターアニス（八角）…１個
シナモン…２片
クミンシード…小さじ1/2

〈マリネ液〉
ポン酢…大さじ２
コリアンダー…大さじ１
ガラムマサラ…小さじ１
パプリカパウダー…小さじ１
ターメリック…小さじ1/2
（マリネ用ホールスパイス）
カルダモン…３粒
クローブ…10粒
メース…２片
クミンシード…小さじ１

作り方　　調理時間１時間

①

① マリネ用ホールスパイスをミルサーにかけて砕く。豚バラ肉を一口サイズに切り、〈マリネ液〉の材料を加えて混ぜる。

②

② 柚子を搾り、果汁を豚バラ肉に加えて１時間ほど漬ける。

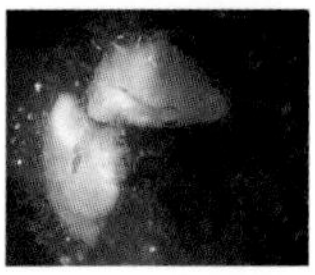
③

③ 余った柚子の皮部分を沸騰したお湯で茹で、氷水に5分ほどさらした後みじん切りにしておく。

④

④ 玉ねぎ、にんにくをみじん切りにする。

⑤

⑤ フライパンに油と〈ホールスパイス〉を入れて熱する。

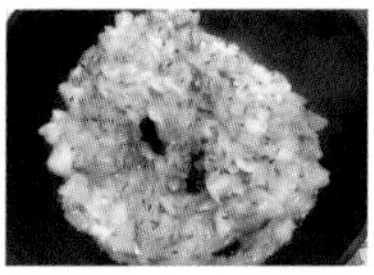
⑥

⑥ 泡が立ってきたら玉ねぎ、にんにくを加え、飴色になるまで強火で炒める。

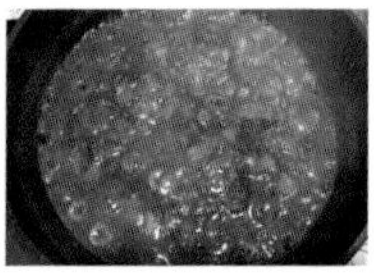
⑦

⑦ トマト缶を加え、潰しながら強火で炒める。水分が飛び、ペースト状になったら、②でマリネにしていた具材と水を少し加えてしばらく煮込む。

⑧

⑧ 豚バラに火が通ったら、みじん切りにした柚子皮と合わせだし、黒豆茶を加えてしばらく煮込む。水を適宜に加えて調整する。最後に塩で味を調整して完成。

カレーだけど和を感じさせる新感覚のカレーを作ってみたいなと思って考案しました。柚子皮や黒豆茶、ポン酢を使うなど少し冒険してみたので、マサラは基本的なトマトベースにしてカレーの骨格を安定させました。一口食べただけでカレーの表情がコロコロ変わっていくのを楽しんでください！

レシピ考案
岡和來
［医学部4回生］

コツ

「柚子皮を熱湯で茹でずに生のまま煮込んでしまうと、柚子皮の苦み成分がカレーに出てしまうので、必ず熱湯で茹でる作業をお忘れなく！」

【研究コラム2】

カレーにとって油はどれくらい重要か？

カレーの美味しさを構成する重要な要素の一つに“油脂”があります。インドに旅行へ行った部員は、現地のスパイスの種類の多さ以上に、予想を上回る油の種類と入れる量の多さに衝撃を受けました。それ以来、その役割を重視するあまり、「それはあまりに油を入れすぎでは？」と苦笑してしまうほど、ふんだんに油を使ってカレーを作るに至っています。

カレーの美味しさにとって、油はどれくらい重要なのでしょうか。

まず、油脂そのものに、カレーに美味しさを与える役割があります。簡単に言えば、油自体が旨いことです。

「油が旨ぇのは当たり前だろ！」と思う方もいるかもしれませんが、実は油脂の美味しさは、近年「基本五味（甘味・塩味・苦味・酸味・旨味）」に次ぐ第六の“コク味”の可能性があるとして、食品科学の世界で研究が進んでいます。

油っぽさが少ないイメージのある和食の料理人さんの中にも、適度に油を加えることでコクが増し、味に品や深みが出ると考える方がいます。感覚的にも科学的にも油脂が加わることで、カレーの美味しさは急激に増すのです。

油脂そのものの美味しさ以外に、油はカレーの美味しさにどのように寄与しているのでしょうか。

ここで、京大カレー部で行った簡単な実験を紹介します。同量のカルダモン・クミンを同じ量の水と油にそれぞれ加えて加熱し、舐めてみました。その結果、部員のほとんどが水よりも油の方に強い香りを感じたのです。

これは、スパイスの香気成分には脂溶性かつ揮発性のものが多く、充分に油に溶けていないと、せっかくの香気成分が飛んでしまい、カレーにスパイスの香りを閉じ込めることができないことを意味します。

実際に、本書に掲載されている多くのレシピでは、最初に低温の油でゆっくりホールスパイスを熱したり、スパイスとともに加熱し香りを油に移す作業（テンパリング）をして、最後にカレーに加えたりすることが頻繁に行われています。

スパイスは高温の油に投入するとすぐに焦げて黒くなり、本来の香りを殺して苦味だけが浮き出てしまうので、テンパリング中は、スパイスから目を離さないように注意しなければなりません。

このように油には、ゆっくりスパイスを加熱することで、カレーにスパイスの香りを閉じ込め引き立たせ、料理全体に拡散させる重要な役割があるのです。

LEVEL
3

21 チーズ好きのためのサグカレー

溶けるか溶けないかのギリギリで、最高の状態のチーズを味わうカレー

材料（4人前）

鶏むね肉…200ｇ
ほうれん草…３束
ピーマン…２個
玉ねぎ…１玉
サラダ油…大さじ２
生クリーム…200㎖
ベビーチーズ…４個
塩…適量

〈パウダースパイス〉
コリアンダー…大さじ１
シナモン…大さじ１
カルダモン…大さじ１

作り方　調理時間40分

①

① 玉ねぎは薄くスライスする。鶏むね肉は小さめの一口大に切り分ける。ベビーチーズはサイコロ状になるように切る。

②

② フライパンに油を熱し、玉ねぎを加えて強火で炒める。茶色く色がついてきたら、鶏むね肉を加えて表面に色がつくまで炒める。

③

③ 弱火にして〈パウダースパイス〉を加えて混ぜる。

④

④ 粉っぽさがなくなったら、生クリームを加えて混ぜる。

⑤

⑤ ほうれん草、ピーマンを塩茹でして、ミキサーでペースト状にする。

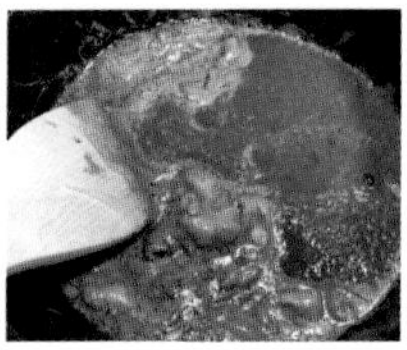
⑥

⑥ ほうれん草とピーマンのペーストを④に加え、よく混ぜる。混ざったら、塩で味を調整する。

⑦ 器に盛り付ける直前にチーズを加えて、溶けないうちに盛り付けたら完成。

地元に帰ったとき、チーズが大好きなおばあちゃんに喜んでもらうために考えたカレー。具材からスパイスまで刺激の強いものは使わず、とことん優しい味を追求したので、子供からお年寄りまで楽しめます。チーズは皿に盛る直前まで鍋に入れないことによって、口に運ぶときまでにとろけてしまわないようにすることができます。

レシピ考案
三宅祥太朗
［農学部3回生］

コツ

「ほうれん草とピーマンは塩茹でした後に冷水で一度締めておくことによって鮮やかな緑色を保つことができます。そしてチーズを入れるタイミングに注意！」

22 春の訪れ告げる鰆《さわら》と和ハーブのラッサム

インドで日常的に食されるスープカレーを、ミョウガと大葉で和風に仕上げました

材料（4人前）

トマト…1個
鰆…切り身2切れ
大葉…10枚
ミョウガ…2個
サラダ油…大さじ3
おろしにんにく…小さじ1
塩…適量
フュメ・ド・ポワソンパウダー…適量
タマリンド…大さじ2

〈ホールスパイス〉
ブラックペッパー…大さじ1
クミンシード…小さじ2
マスタードシード…小さじ1
フェヌグリーク…小さじ1/4

〈パウダースパイス〉
ターメリック…小さじ1/2
パプリカパウダー…小さじ1/2

作り方　調理時間30分

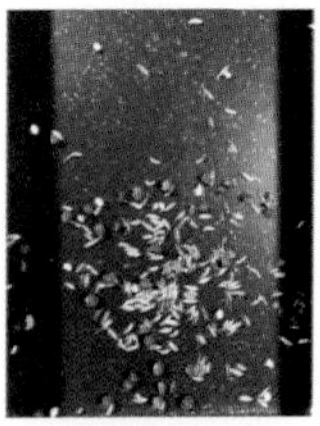
①

②

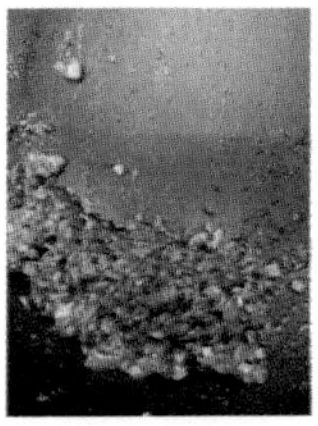
③

④

① クミンシードとブラックペッパーを乾《から》煎りして、ミルでパウダー状にする。

② トマトを大きめのざく切りに、大葉とミョウガは千切りにする。

③ 鍋に油を熱し、マスタードシード、フェヌグリークを加え炒める。香りが立ってきたら〈パウダースパイス〉と鰆を加えしっかりと焼き、身をほぐす。

④ にんにく、トマト、①で作ったスパイスを加え、ふたをしてトマトが軟らかくなるまで煮込む。トマトが軟らかくなったら、ふたを取ってよく混ぜる。

⑤ 水600mℓ、タマリンドを加え、混ぜながら弱火で煮込む。塩とフュメ・ド・ポワソンで塩分・水分・旨味を調整して、火を止める。

⑥ ミョウガ、大葉を散らして軽く混ぜる。シャキシャキ感を残すために、あまり火を通さないようにして完成。

ラッサムとは、インドで食されているブラックペッパーが効いた酸味スープです。通常は豆を具材として入れることが多いのですが、他の食材とも相性が良いのではないかと考え、旨味の強い旬の白身魚を主役として作ってみました。さらに、大葉やミョウガなどの、いわゆる和ハーブを薬味として取り入れることで、通常のラッサムでは味わえない、シャキシャキ感ある爽やかな香りを演出しています。

レシピ考案
鈴木七央也
［工学研究科M1］

コツ

「ホールスパイスを焙煎してミルで粉末にすることで、通常のパウダースパイスを使うよりも香りが引き立ちます。ホールスパイスを焙煎するときは焦がさないように。ミョウガと大葉はシャキシャキ感を残すために、あまり長く火を通さないことがオススメです」

23 体に優しいクリーミーなホワイト野菜カレー

大根とひよこ豆で優しい味に仕上げた、白いのにスパイスを感じさせる不思議なカレー

材料（4人前）

大根…1/3本
ひよこ豆（水煮）…400g
サラダ油…大さじ3
玉ねぎ…1玉
おろしにんにく…小さじ1
おろしショウガ…小さじ1
ココナッツミルク…300mℓ
塩…適量

〈ホールスパイス〉
カレーリーフ…10枚
クミンシード…小さじ1/2

〈パウダースパイス〉
コリアンダー…大さじ1
ブラックペッパー…大さじ1

作り方　調理時間40分

①

① 玉ねぎを粗めのみじん切りにする。大根は厚めのいちょう切りにする。

②

② カレーリーフ、大根、浸るくらいの水を鍋に入れ、芯が透明になるまで、大根を茹でる。

③

③ フライパンに油を熱し、クミンシードを加え焦げる手前まで炒める。

④

④ 玉ねぎ、にんにく、ショウガを加え強火で炒める。薄い飴色になったら〈パウダースパイス〉を加えて混ぜ、香りが立つまで炒める。

⑤

⑤ ココナッツミルク、水150mℓを加えて伸ばし、沸騰する直前になったら大根、ひよこ豆を加えてよく混ぜて、ふたをして弱火で5分ほど煮込む。

⑥

⑥ 塩と水で味、水分の調整をして完成。

　白色だけど、スパイスをしっかり感じるカレーが作りたいという思いから生まれたカレー。ココナッツミルクベースの優しくてまろやかな味に仕上げています。一般的に知られているスパイスカレーと同様に、玉ねぎとスパイスを炒めてマサラを作る手法を用いることで、スパイスカレーらしい香りや刺激もしっかりと感じられます。具材は大根とひよこ豆を使い、動物系の食材を一切使わないベジタリアン向けのカレーにもなっています。

レシピ考案
鈴木七央也
［工学研究科M1］

コツ

「玉ねぎは炒めすぎず、薄い飴色になったら次のプロセスに移りましょう。そうすることで、綺麗な白色のカレーに仕上がります。大根は下茹でをすることで、大根独特の苦味がカレーに移るのを防ぎます」

24 鴨がネギしょって鰹《かつお》に乗ってどっこいしょカレー

和食で定番の鴨肉とネギのコンビを鰹だしに入れた、ほっこり笑顔になるカレー

材料（4人前）

玉ねぎ…1.5玉
おろしにんにく…小さじ1/4
おろしショウガ…小さじ1/2
ゴマ油…大さじ3
鴨肉…130g
料理酒…大さじ2
ネギ…60g
トマトピューレ…大さじ3
塩…適量
味噌…小さじ2
鰹だし…400㎖
めんつゆ…20㎖
鰹節、山椒、七味…お好みで適量

〈ホールスパイス〉
シナモン…2片
マスタードシード…小さじ1/2

〈パウダースパイス〉
コリアンダー…大さじ1
クミン…小さじ2
ターメリック…小さじ1
カイエンペッパー…小さじ1/4

作り方 調理時間1時間

①

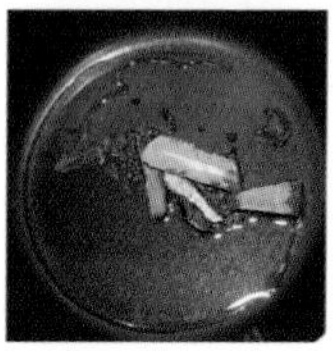
②

③

④

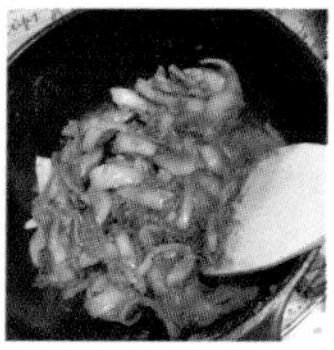
⑤

① 鴨肉を1cm幅にスライスし、料理酒に漬け込んでおく。ネギを5cm長に切る。玉ねぎを薄くスライスする。

② フライパンに油、〈ホールスパイス〉を加え熱する。

③ マスタードシードがはじけてきたら、玉ねぎ、にんにく、ショウガを加え強火で炒める。

④ 玉ねぎがしんなりしたら、トマトピューレを加える。トマトピューレがなじみ赤味が落ち着いてきたら、〈パウダースパイス〉を加えダマにならないように混ぜる。

⑤ 鴨肉、ネギ、味噌を加えよく混ぜながら炒める。肉に火が通ったら、鰹だしとめんつゆを加えて混ぜ、塩で味を調整する。

⑥ 鰹節、山椒、七味などをお好みでトッピングしたら完成。

旨味を最大限に引き出そうと考案したカレーです。トマト特有の酸味を抑えつつ、旨味成分であるグルタミン酸を取り入れるために、トマトピューレを使いました。このグルタミン酸と鴨肉、鰹だしのイノシン酸により旨味の相乗効果が期待できます。トッピングで鰹節を載せると、さらに香りが高くなり、食欲をそそるのでオススメです。

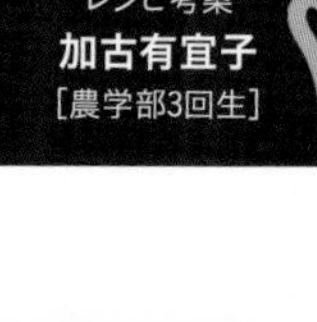

レシピ考案
加古有宜子
［農学部3回生］

コツ

「鰹だしを取るとき、本来和食で使うときは鰹節をさっとあげて一番だししか使いませんが、カレーに加えるときは雑味をむしろ出した方がいいので、ぐつぐつ煮て鰹節から旨味を絞り出してください」

25 口の中にミント広がる！ すっきり爽快クリームカレー

ミント好きな人にはたまらない。チョコミントの次はミントクリームカレーだ！

材料（4人前）

鶏もも肉（皮付き）… 500ｇ
サラダ油…大さじ4
玉ねぎ…2玉
にんにく…1片
ショウガ…1片
ミント…3パック
レモン…1/2個
コリアンダーパウダー…大さじ1
バター…50ｇ
生クリーム…200mℓ
塩・コショウ…適量

〈ホールスパイス〉
カルダモン…8粒
クローブ…8粒
ローリエ…1枚

〈パウダースパイス〉
コリアンダー…大さじ1
クミン…小さじ2
ターメリック…小さじ1/2

作り方 調理時間40分

①

②

③

④

⑤

⑥

⑦

① 鶏もも肉を一口サイズに切り、塩・コショウで炒める。皮目は焦げ色がつくまでよく焼く。焼いた後もフライパンを使うので洗わないようにしておく。

② ミントに水を少し加え、ミキサーにかけてペースト状にする。レモンを搾ってレモン汁を作っておく。

③ 炒めた鶏もも肉をボウルに移し、ミントジュースの1/3とレモン汁、コリアンダーパウダーを加えて混ぜる。

④ 玉ねぎ、にんにく、ショウガをみじん切りにする。

⑤ ①で使ったフライパンをそのまま使用する。油を追加し、〈ホールスパイス〉を入れて熱し、細かい泡が立ってきたら玉ねぎ、にんにく、ショウガを加えて飴色になるまで強火で炒める。

⑥ ③のボウルと生クリームとバターをフライパンに加えて煮込む。水分が減ってきたら〈パウダースパイス〉を加えて混ぜる。

⑦ 水を適量加え、ひと煮立ちさせたら火を止め、残りのミントジュースを加えて混ぜる。塩で味を調整して完成。

京都にある大好きな南インド料理のお店で、初めてミントとチキンの組み合わせを口にしたとき、あまりにも好みの味すぎて飛び上がってしまいました（笑）。お店のミントチキンカレーは結構パンチの効いた味だったのですが、より私好みにコクのあるクリーミーなカレーに仕上げてみました。完全にわたし独得のカレーですが、ミント好きの人は、もれなく好きになるに違いないと確信しています。

レシピ考案
岡和來
［医学部4回生］

コツ

「初めに鶏もも肉を塩・コショウで炒めておくのがポイントです。このひと手間で鶏もも肉に香ばしさが生まれ、カレーがより美味しくなります。ここで使用したフライパンをそのままカレー作りに使用するのもポイントです。鶏もも肉の旨味を余すことなくカレーに閉じ込められます」

26 痺れと酸味が食欲かき立てる四川風ポークビンダルー

"シビ辛"で話題のホアジャオが主役！　酸味を効かせた食べ出したらとまらないカレー

材料（4人前）

豚ブロック肉…500ｇ
サラダ油…大さじ5
玉ねぎ…1玉
ホールトマト缶…1/2缶
おろしにんにく…大さじ1
おろしショウガ…大さじ1
白ワインビネガー…60㎖
塩…適量
三温糖…大さじ1

〈ホールスパイス〉
クローブ…10粒
カルダモン…10粒
クミンシード…小さじ1
ホアジャオ（花椒）…大さじ2
スターアニス（八角）…1個

〈パウダースパイス〉
コリアンダー…大さじ1.5
ガラムマサラ…小さじ2
ターメリック…小さじ1
カイエンペッパー…小さじ1
ブラックペッパー…小さじ1

作り方　調理時間1時間

①

②

③

④

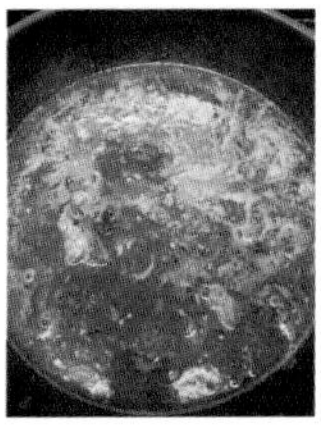
⑤

① クローブ、カルダモン、クミンシード、ホアジャオ大さじ1をフライパンで乾煎りし、ミルでパウダー状にする。玉ねぎは粗みじん切りにする。

② 豚ブロック肉を一口大に切り、にんにく、ショウガ、白ワインビネガー、塩、三温糖、①で砕いたスパイスを混ぜてマリネにし、1時間おく。

③ フライパンに油を熱し、玉ねぎを加え強火で炒める。飴色になったら〈パウダースパイス〉を加え香りが立つまで炒める。

④ マリネにした豚肉をマリネ液ごと加え表面を焼く。火が通ったらホールトマトを加え、身を崩しながら中火で混ぜ、全体になじませる。

⑤ 水200㎖、スターアニス、ホアジャオ大さじ1を加え、ふたをして30分ほど弱火で煮込む。塩で味を調整したら完成。

ホアジャオ（花椒）とは中華料理でも特に四川料理で使われているスパイスで、痺れと爽やかな香りが特徴です。このホアジャオを主役にしたカレーを作りたいという思いから、このレシピが生まれました。ポークビンダルーとはインドで食されている、豚肉を使用した酸味の効いたカレーです。中華料理でも豚肉はよく使われているので、ホアジャオ×ポークビンダルーの相性が良いのではないかと考えて作ってみました。後からやってくるホアジャオのビリビリとした刺激感がやみつきになります。

レシピ考案
鈴木七央也
［工学研究科M1］

コツ
「ホアジャオを豚肉を漬け込むときと最後の仕上げのときの2段階に分けて加えることで、それぞれ異なるホアジャオの香りを楽しむことができます」

27 ラムと洋梨が彩るマダムのバターカレー

フルーティーな洋梨と栄養満点のラム肉がメインの紅茶香るセレブカレー

材料（4人前）

玉ねぎ…1玉
にんにく…1片
ショウガ…1片
バター…50g＋仕上げ用10g
トマトピューレ…大さじ2
洋梨…1/2個
ヨーグルト…30g
ラム肉…200g
紅茶…400mℓ
塩…適量

〈ホールスパイス〉
カルダモン…4粒
シナモン…1片

〈パウダースパイス〉
コリアンダー…大さじ1
クミン…小さじ2
パプリカパウダー…小さじ1.5
ターメリック…小さじ1
カルダモン…小さじ1
カイエンペッパー…小さじ1/2
ブラックペッパー…小さじ1/2
クローブ…小さじ1/4
ガラムマサラ…小さじ1/4

作り方　調理時間60分

①

① 玉ねぎ、にんにく、ショウガ、洋梨をすりおろす。ラム肉は一口大に切る。

②

② フライパンでバター50gを弱めの中火で、焦げ付かないようによく混ぜながら熱する。茶色くなってきたら〈ホールスパイス〉を入れ、香りが立ってくるまで炒める。

③

③ 玉ねぎ、にんにく、ショウガを加えて強火で炒める。玉ねぎが色づいてきたら、〈パウダースパイス〉を加えてなじませる。

④

④ トマトピューレ、ヨーグルト、洋梨を加え、ダマができないようによく混ぜる。

⑤

⑤ ラム肉を加え軽く混ぜ炒める。火が通ったら紅茶を加え、ふたをせずに30分以上煮る。

⑥

⑥ 塩と水で味を調整したら、バター10gを溶かし入れ、表面に照りが出てきたら完成。

カレーと洋梨の組み合わせは、一見合わないように思えますが、奥深い香りとフルーティーさを兼ね備えた洋梨は、カレーにとても合うのです！　洋梨特有の香りと相性の良いラム肉を合わせてみました。また、コクを出すためにバターで仕上げ、濃厚でミルキーな余韻を醸し出すことができます。また、紅茶を加えることによってラム肉特有の臭みを消し、上品な味になります。

レシピ考案
田村夢海
［文学部4回生］

コツ

「ふたをせずに30分以上煮立たせることで水分を飛ばし、どっしりとした濃厚なテクスチャに仕上げることができます」

注文
日
月
部
定価 本体1600円（税別）
著者
京大カレー部
京大カレー部
秘伝のスパイスカレーレシピ
9784309288031
ISBN978-4-309-28803-1
C0077 ¥1600E
発行
河出書房新社

28 チェンナイの思い出

チェンナイ出身のインド人留学生と彼の

材料（4人前）

玉ねぎ…1玉
ホールトマト缶…1缶
鯛…大きめの切り身4切れ
にんにく…2片
おろしショウガ…小さじ2
サラダ油…大さじ3
タマリンドペースト…大さじ1
塩…適量

〈パウダースパイス〉
コリアンダー…大さじ2
カイエンペッパー…小さじ1
ブラックペッパー…小さじ1

〈テンパリングスパイス〉
唐辛子…2本
マスタードシード…小さじ1
カレーリーフ…5枚

作り方　30分

ぎを炒める。玉ね
ガ、塩小さじ1を加

②

を加え、弱火にして混ぜ
る。粉っぽいような　（分量外）を加える。スパイスがなじんだらトマトを加　強火にし、水気が飛ぶまで混ぜる。

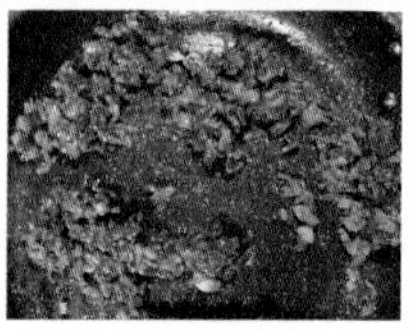

③

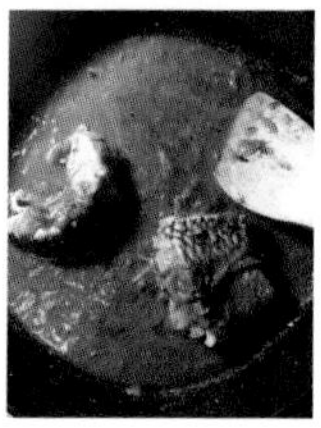

④

④ 水気が飛んだら、鯛とタマリンドペーストと水500mℓを加え、ふたをして20分ほど煮込む。

⑤ 別のフライパンで〈テンパリングスパイス〉と油大さじ1を弱火でテンパリングし、マスタードシードがはじけたら火を止め、カレーに加える。塩で味を調整したら完成。

インドのチェンナイ出身の研究室の先輩と一緒に、故郷の味を再現した鯛のカレーです。インドでの一番の思い出は、鯛のカレーだと言っていました。現地では鯛が安いらしく、ポピュラーな食事だったそうです。日本ではあまり見かけないカレーだなと思い、一緒に作った思い出の一品です。いろんな魚で応用したり、魚介系のだしを加えたりしても美味しいと思います。

レシピ考案
津井研人
［工学研究科M2］

コツ

「完成した後に時間を置いて、鯛の身にカレーを染み込ませるとさらに美味しいです。保存するときは10度以下にすると、食中毒の原因菌の活動が抑えられるので、できるだけ冷蔵保存するように気をつけましょう」

29 博多っ子が教えるすりゴマたっぷり胡麻鯖《さば》カレー

福岡の郷土料理“胡麻鯖”と南インドのフィッシュカレーを合体させた画期的カレー

材料（4人前）

玉ねぎ…1玉
ショウガ…1片
ココナッツオイル…大さじ3
トマト…1個
ゴマ…大さじ6
梅干し…4粒
鯖…2匹
醤油…大さじ1
塩…適量
刻みのり…お好みで

〈パウダースパイス〉
コリアンダー…大さじ1.5
パプリカパウダー…小さじ2
フェヌグリーク…小さじ1
ターメリック…小さじ1/2
カイエンペッパー…小さじ1/2

作り方　　調理時間40分

①

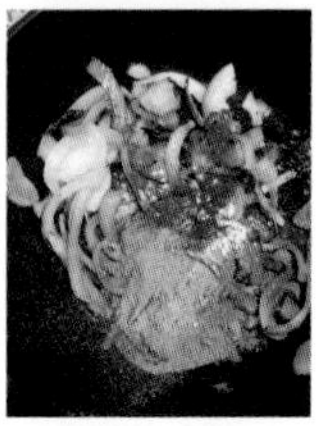
②

③

④

① 玉ねぎは薄切りにスライスする。ショウガはみじん切り、トマトは粗みじん切りにする。ゴマをやや粒が残るくらいにすりつぶして、すりゴマを作る。鯖は頭と尾を落とし、5cm幅くらいに骨ごとぶつ切りにする。

② フライパンにココナッツオイルを熱し、玉ねぎとショウガを加えて強火で炒める。しんなりしてきたら、〈パウダースパイス〉を加え、弱火で粉っぽさがなくなるまで炒める。

③ トマトを加えて中火で炒める。水分が飛んできたらすりゴマを加えてよく混ぜる。

④ 鯖と水250mℓを加え、身が崩れないように混ぜる。種を取った梅干しと醤油を加えて、鯖に火が通るまで煮込む。

⑤ ココナッツオイル大さじ1（分量外）とゴマ大さじ1（分量外）をテンパリングしてかけ、塩で味を調整する。

⑥ 刻みのりを振りかけたら完成。

胡麻鯖とは福岡の郷土料理で、生の鯖を醤油だれとすりゴマに漬け込んだもの。ご飯と一緒に食べますが、僕は特に〆で熱湯をかけて、お茶漬けにしたものが大好きです。それをイメージして、さらりと食べられるように、南インドのフィッシュカレーの作り方をベースにしました。ゴマの香りと鯖の旨味を梅干しの酸味が締めてくれる、疲れにも効くあっさりとしたカレーです。

レシピ考案
三宅祥太朗
［農学部3回生］

コツ

「カレーに酸味を加えるときに、よくタマリンドを使いますが、今回のように梅干しでも代用できます。味はタマリンドとあまり変わらないけど、梅の風味が香るようになり、和風のカレーによく合います」

30 博愛！ 溺愛！ 愛しにんにく味噌

味噌とにんにくでこってりコクのある、全人類が美味しいと感じるカレーに。博愛！

材料（4人前）

豚肩ロース…300ｇ
玉ねぎ…1/2玉
サラダ油…大さじ5
ホールトマト缶…1/3缶
にんにく…1株
キャベツ…1/4玉
塩…適量

〈肉の漬けダレ〉
味噌…60ｇ
ブラックペッパーパウダー…小さじ1
料理酒…40mℓ
おろしショウガ…大さじ1
ハチミツ…10ｇ

〈ホールスパイス〉
カルダモン…10粒
スターアニス（八角）…1/2個

〈パウダースパイス〉
クミン…小さじ2
コリアンダー…小さじ2
ターメリック…小さじ1
パプリカパウダー…小さじ1
陳皮…小さじ1
カルダモン…小さじ1/2
クローブ…小さじ1/3

作り方　調理時間1時間20分

①

②

③

④

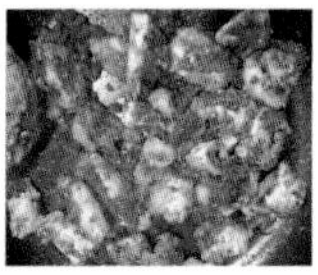

⑤

⑥

⑦

① 豚肉を一口大に切り、〈肉の漬けダレ〉をよく混ぜて絡ませ冷蔵庫で1時間以上寝かせる。玉ねぎをみじん切りにする。キャベツは大きめのざく切りにする。

② 丁寧に皮を剥いたにんにくを浸るくらいのお湯で30分程度茹でる。箸で崩せるくらい軟らかくなったら、茹で汁ごとミキサーにかけポタージュにする。

③ フライパンに油と〈ホールスパイス〉を加え、弱火で熱する。小さな泡が立ってきたら玉ねぎを加え、強火で飴色になるまで炒める。

④ 〈パウダースパイス〉を加えて混ぜる。なじんできたら、トマト缶を加え水分がなくなるまで炒める。

⑤ 豚肉を漬けダレごと加え、焦げないように注意しながら焼き目をつける。

⑥ にんにくのポタージュを入れ、さらに好みの濃さになるように水で伸ばす。

⑦ キャベツを加え30分ほど煮込み、塩で味を調整したら完成。

味噌＋豚肉＝めちゃ美味しい。そして、にんにく＋味噌＋豚肉の組み合わせは、一見、男のスタミナ飯のように思うかもしれませんが、改良を重ねて臭みを減らし、全人類が美味しいと感じるカレーになったと自負しています。にんにくはポタージュにすることで、さらなるコクを生み出してくれます。皮を丁寧に剥き、そのまま茹でることがポイントです。

レシピ考案
丸田草太
［農学部3回生］

コツ

「にんにくの皮を剥くとき、傷をつけてしまうと臭いや辛みが出てしまいます。丁寧に皮を剥いて、すぐに鍋で茹でたら、たくさんにんにくを入れても全然臭くなりません」

【研究コラム３】

２日目のカレーはなぜ美味しいのか？

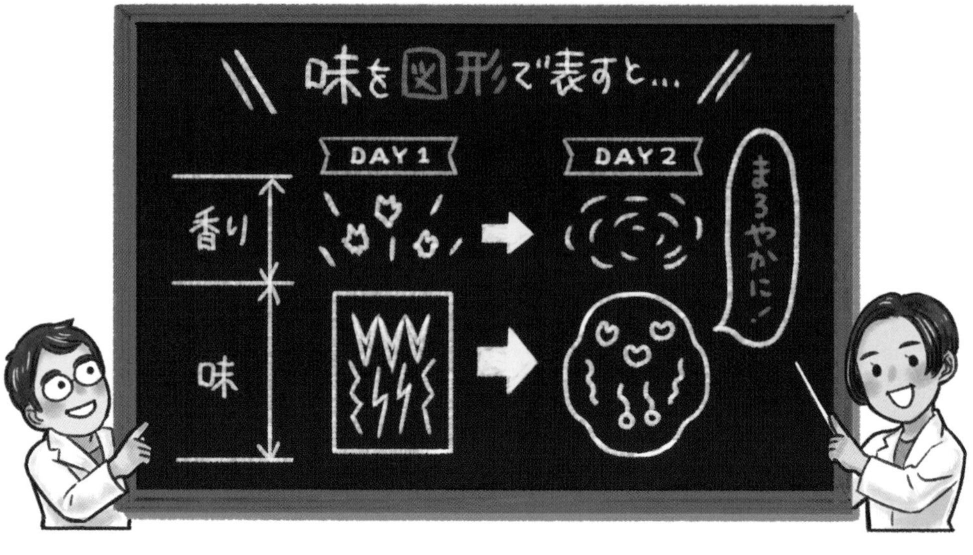

「カレーは２日目の方が美味しい」という話を聞いたことはありませんか？　カレーを寝かせているうちに、どのような変化が起きているのか、それを確かめるために実験を行いました。

今回の実験方法は、カレーの味を構成する要素である「辛味」「酸味」「苦味」「香り」「全体的な味」の変化を検証するために、それぞれを強調させたカレーを作り、冷蔵庫内で寝かせながら、時間の経過とともにどのような変化が起こったのかを部員が評価するというものです。その結果をまとめたものが下表です。

比較する要素	時間経過に伴う変化
辛味	徐々に辛さが控えめになった気がする。最初は舌を刺すような尖った辛さだったが、後から様々な味を感じて口の中に残り、緩やかに辛さを感じさせるような変化となった。辛み成分がだんだんと水分や食材の中へと潜っていくイメージ。
酸味	酸味の強さは時間経過に伴い低下、鼻につんとくるような感じがなくなりまろやかに。まるで黒酢のような、少し後から甘味を感じるような酸味の質に変化した。
苦味	時間による変化はほとんどない。ただ刺激的な苦さから、じんわりと効いてくるような苦さに変化した。
香り	時間とともに弱くなった。寝かせる前は食材やスパイス固有の香りが識別できたが、寝かせることでまとまった一つのいわゆる「カレーの香り」と呼ばれるようなイメージに変化。
全体的な味	レトルトカレーのような丸い角の取れた味に変化し深みが増した。具材に味が染みカレーにも具材の味が広がっていた。

結果としては、口に入れてから最初の刺激を感じるまでの時間が遅れ気味ながらも、全体的に美味しくなったと感じました。そこには大きく分けて３つのファクターが関与しています。

①カレーのエントロピーの増大　味や香りの元となる分子は時間の経過とともに拡散し混ざり合い、やがて具材の中へも広がることで均質化し味が染みていきます。時間の経過とともに分子レベルで味や香りが混ざり合うわけです。

②成分の揮発　香り成分や酸味成分は揮発性があり、長時間放置すると空気中に逃げてしまいます。時間が経つことで、カレーに含まれていた強い香りや酸味成分が徐々に揮発してなくなり、味や香りが変化します。

③油分　時間が経過することで、カレーに含まれている油分と具材やルウがなじみ、後味に残るようになります。油分は唾液に流されにくいため、舌の上に長く残り、継続したコク深い味になります。

「カレーは２日目の方が美味しい」といわれている理由とは、時間の経過によって香りが弱くなりつつも、具材の味が全体に行き渡り、コクや深みが滲み出て、まろやかな香りと口当たりになるからということが判明しました。

最後に、作ってから時間の経ったカレーはウェルシュ菌による食中毒の危険性がありますので、常温での保存は避け、冷蔵庫で冷やして保存するように心がけましょう。

LEVEL
4

31 一度食べたら[illegible]

今日は餃子も食べたいな！　そんなあなたにピッタリなキーマカレーです

材料（4人前）

キャベツ…1/4玉
ニラ…100g
豚ひき肉…250g
餃子の皮…8枚
ゴマ油…大さじ1
にんにく…2片＋4片
ショウガ…1片
玉ねぎ…1/2玉
中華だし…大さじ1/2
塩…適量
サラダ油…適量

〈トッピング用〉
レモン汁…適量
クミンシード…大さじ1
フェンネル…大さじ1/2
唐辛子…1/2本

〈ホールスパイス〉
クミンシード…大さじ1
クローブ…6粒
カシア…1片
スターアニス（八角）…2個
マスタードシード…大さじ1

〈パウダースパイス〉
クミン…大さじ2
コリアンダー…大さじ1
ターメリック…小さじ1
ガラムマサラ…大さじ1

作り方　　調理時間1時間

①

②

③

④

⑤

① キャベツをみじん切りにし、しっかりと塩もみして半分に分ける。分けたキャベツの片方に〈トッピング用〉を入れてよく混ぜ、付け合わせを作っておく。玉ねぎ、ショウガ、にんにく2片をみじん切りに、にんにくの残り4片はすりおろす。

② 餃子の皮をサラダ油で揚げ焼きにして、トッピングとして取り分けておく。

③ フライパンにゴマ油と〈ホールスパイス〉を加え、中火で焦がさないように炒める。香りが立ってきたら、みじん切りにしたにんにくとショウガを中火で炒める。

④ 玉ねぎを加え、強めの中火で炒める。焦げ茶色になったら、豚ひき肉と2cm長にざく切りにしたニラを加え、火が通るまで炒める。

⑤ 残ったキャベツを加えて中火で炒める。キャベツがしんなりとしてなじんできたら、中華だし、〈パウダースパイス〉を入れて混ぜ、塩で味を調整する。

⑥ すりおろしたにんにくを混ぜ、少し火を通して辛さがなくなったらルウの完成！

⑦ カレーと白米を盛り付けてキャベツの付け合せを脇に添える。唐辛子を輪切りにしたものと、揚げた餃子の皮1枚をパリパリに割ってカレーにかけ、もう1枚は脇に飾る。

にんにくとニラでキメるジャンキーな一品。「まるで餃子のようだ！　だが確かにカレーだ、それは間違いない」という両者間で絶妙なバランス感覚を持ったカレーであり、「餃子が食べたい！」という欲望と「カレーが食べたい！」という欲望を同時に満たしてくれる。餃子の皮を使ったパパドとキャベツのアチャールで食感も贅沢に！　一度食べたらハマること間違いなし。

レシピ考案
大島輝
［医学部2回生］

コツ

「キャベツの塩もみは、味を染み込ませるため、入念に行いましょう。ニラやおろしにんにくはあまり加熱しない方が、より餃子に近づけることができます」

32 フラメンコが聞こえてくる情熱の赤いパエリアカレー

パエリアからインスパイアされた海鮮の旨味を味わえるカレー！　サフランライスとともに♪

材料（4人前）

玉ねぎ…１玉
ホールトマト缶…１缶
エビ…250ｇ
イカ…250ｇ
フュメ・ド・ポワソンパウダー…大さじ１
にんにく…４片
セロリ…1/2本
オリーブオイル…大さじ３
米…２合
サフラン…ひとつまみ
塩・コショウ…少々

〈ホールスパイス〉
唐辛子…１本
ローリエ…１枚
クミンシード…小さじ１
フェンネル…小さじ１

〈パウダースパイス〉
コリアンダー…小さじ2.5
ターメリック…小さじ1/2
パプリカパウダー…小さじ１

作り方　調理時間１時間

①

① 米と水360㎖を炊飯器にセットし、サフランを加えて30分放置した後、軽く混ぜてから炊飯してサフランライスを作る。

②

② 玉ねぎ、にんにく、セロリをみじん切りにする。エビは殻を剥いて、殻もとっておく。イカは食べやすいサイズに切る。

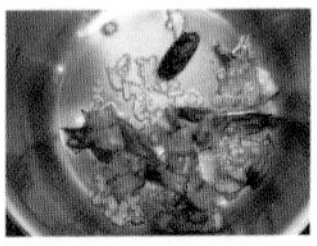
③

③ 鍋にオリーブオイル大さじ1.5をひき、にんにく１片分を炒める。にんにくの香りが立ってきたら、エビの殻を加え、中火で５〜10分炒める。

④

④ エビの香りが立ったら水400㎖を加え、弱火で20〜30分煮る。そこにフュメ・ド・ポワソンパウダーを加えて溶かし、エビの殻を濾《こ》しておく。

⑤

⑤ 別のフライパンにオリーブオイル大さじ1.5を熱し、〈ホールスパイス〉を加えて炒める。

⑥

⑥ クミンシードから小さな泡が出始めたら、玉ねぎ、にんにく１片分、セロリを加え強火で炒める。

⑦

⑦ 玉ねぎが飴色になってきたらホールトマトを加え、よく潰しながら炒め、水分を飛ばす。水分が飛びねっとりしてきたら、〈パウダースパイス〉を加えて、なじませる。

⑧

⑧ ④でできたスープを加え、塩で味を調整する。

⑨

⑨ さらに別のフライパンにオリーブオイル（分量外）を熱し、みじん切りにした残りのにんにくを加える。にんにくの香りが立ったら、剥いたエビとイカを軽く炒め、塩・コショウで味をととのえる。

⑩ サフランライス、エビとイカを皿に盛り、ルウをかけて完成。

スペイン料理に魅せられた部員が「スペインっぽいカレーを作りたい!!」と思い付いたことがきっかけで生まれたこのカレー。日本でもポピュラーなスペイン料理であるパエリアからインスピレーションを得て、海鮮の旨味を感じさせるサフランライスと相性抜群の仕上がりになっています。食べていてフラメンコの音が聞こえてきたら、それは上手く作れた証拠に間違いありません♪

レシピ考案
吉田健人
［農学部4回生］

コツ

「エビの旨味を引き出すには、エビの細胞を保護している細胞壁を、加熱により壊してやる必要があります。炒める際は、赤くなったら終わりではなく、しっかり香りが立つまで、根気強く炒めましょう」

33 珍味！ 鶏まるごとキーマカレー

鶏ひき肉・レバー・ハツを使用した、一口でいろいろな部位を楽しめるキーマカレー

材料（4人前）

鶏レバー…100g
鶏ハツ…100g
鶏ひき肉…100g
ヨーグルト…100g
玉ねぎ…1玉
サラダ油…大さじ2
トマト…1個
ショウガ…1片
にんにく…1片
塩…適量
パクチー…適量
ピンクペッパー…適量

〈スパイス〉
クミンパウダー…大さじ1
コリアンダー…小さじ2
ブラックペッパー…小さじ2
カイエンペッパー…小さじ1
クミンシード…小さじ1
フェンネル…小さじ1

作り方　調理時間1時間

①

① レバーとハツは、さいの目切りにした後、水にさらしておく。30分以上経ったら水を切り、ヨーグルトの中にクミンパウダー小さじ2（分量外）とともに漬け込む。

②

② 玉ねぎ、トマト、ショウガ、にんにくを粗めのみじん切りにする。

③

③ フライパンで油を熱し、玉ねぎ、ショウガ、にんにくを強火で炒める。色づいてきたら、トマトを加えて水分が飛ぶまで炒める。

④

④ 弱火にして〈スパイス〉を加え、よく混ぜる。

⑤

⑤ 粉っぽさがなくなったら、ひき肉とレバーとハツを漬けダレごと加えて炒める。

⑥

⑥ レバーが軟らかくなってきたら塩で味をととのえ、皿に盛り、お好みで刻んだパクチーとピンクペッパーを散らす。

鶏のレバーやハツは安くて栄養価も高いのに、独特の臭みと食感のせいで、あまり食べられていません。そんな悩みを解決するために作ったカレーです。まずは臭みを取り除くためにヨーグルトに漬け込み、爽やかな香りが強烈なフェンネルを加えました。また他の食材もみじん切りにして、他の鶏の部位と混ぜて口の中に入るようにしたので、味が平板にならず食べやすくなっています。

レシピ考案
三宅祥太朗
［農学部3回生］

コツ
「レバーやハツを下処理する際、水にさらした後、ヨーグルトに漬け込む前に、牛乳に浸しておくと、臭いや血が牛乳に吸着されるので、より上手に処理することができます」

34 カレー史上初、わさびとろろで仕上げる白身魚のキーマ

仕上げのとろろとわさびがポイント！　和印折衷の魚介カレー

材料（4人前）

玉ねぎ…1玉
トマト…1個
鶏ひき肉…150g
白身魚…大きめの切り身2切れ
おろしにんにく…小さじ2
おろしショウガ…小さじ2
サラダ油…大さじ3
長いも…100g
わさび…小さじ1
塩…小さじ1
唐辛子…4本

〈パウダースパイス〉
コリアンダー…大さじ2
ターメリック…小さじ2
パプリカパウダー…小さじ2
カイエンペッパー…小さじ1
ブラックペッパー…小さじ1

作り方　　調理時間40分

①

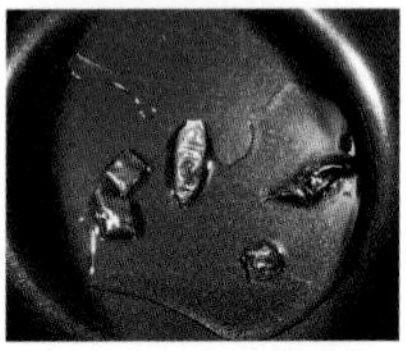
②

③

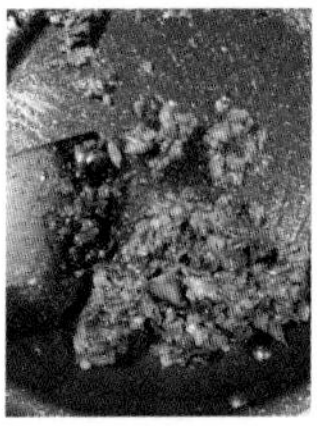
④

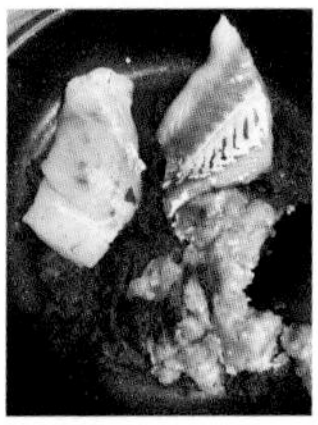
⑤

⑥

① 玉ねぎをみじん切りにする。トマトを炒めやすいサイズに切る。

② フライパンに油と唐辛子を加え弱火で熱する。色が黒くなったらひっくり返す。

③ 玉ねぎ、にんにく、ショウガ、塩小さじ1を加え、強火で熱する。玉ねぎが色づいてきたら水50mℓを加え、水気が飛ぶまで混ぜる。水気が飛んだら、火を止め〈パウダースパイス〉を加え、弱火にして混ぜる。

④ トマトを加えて強火にし、水気が飛ぶまで炒める。

⑤ 水気が飛んだらひき肉、魚の切り身を加え中火で炒める。魚に火が通ったら、身をほぐすようにして混ぜる。身がほぐれたら水200mℓを加え、ふたをして10分ほど煮込む。

⑥ 長いもをすりおろし、わさびと一緒にカレーに添えて完成。

魚がベースのあっさりした創作カレーです。白身魚のほぐし身をキーマにしたいというところから作りました。ちょうどそのとき、わさびをカレーの付け合わせに利用できる方法を探していたのですが、とろろと組み合わせると相性が良いことを発見し、あっさりとした仕上がりのカレーに合わせてみると、ぴったりでした。日本のスパイスである、わさびとスパイスカレーとで和印折衷です。

レシピ考案
津井研人
［工学研究科M2］

コツ

「白身魚のほぐし身をベースにしているのですが、魚だけだと風味がまとまりにくいので、鶏ひき肉を合わせています」

35 カラッと揚げたインド風天ぷら添え 爽やかな酸味のトマトキーマ

衣にパクチーとミントを加えた京大カレー部オリジナルのパコラと相性抜群のキーマ

材料（4人前）

【トマトキーマ】
玉ねぎ…1玉
ホールトマト缶…1缶
鶏ひき肉…300g
おろしにんにく…小さじ2
おろしショウガ…小さじ2
サラダ油…大さじ3
塩…小さじ1

〈ホールスパイス〉
唐辛子…4本
クミンシード…小さじ1
カルダモン…4粒

〈パウダースパイス〉
コリアンダー…大さじ2
クミン…小さじ2
ターメリック…小さじ2
パプリカパウダー…小さじ2
カイエンペッパー…小さじ1
ブラックペッパー…小さじ1

【パコラ（インド風天ぷら）】
ひよこ豆の粉…200g
水…150mℓ
パクチー…1束
ミント…適量
ミニトマト、オクラ、万願寺唐辛子、大葉などの野菜…適量

作り方　調理時間40分

①

②

③

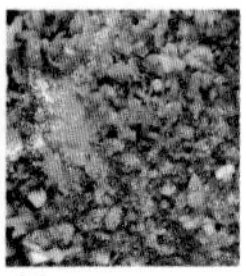
④

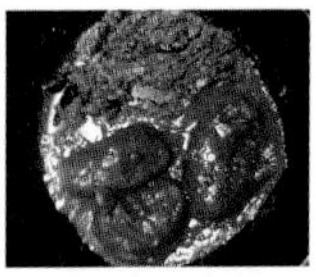
⑤

⑥

【トマトキーマ】
① 玉ねぎをみじん切りにする。

② 油に唐辛子を加え弱火で熱する。色が黒くなったらひっくり返し、両面が黒くなったらクミンシード、カルダモンを加える。

③ 香りが立ってきたら、玉ねぎ、にんにく、ショウガ、塩を加え、強火で熱する。玉ねぎが色づいてきたら、水50mℓを加え、水気が飛ぶまで混ぜ炒める。

④ 水気が飛んだら、火を止め〈パウダースパイス〉を加え、弱火にして混ぜる。粉っぽいようなら油小さじ1（分量外）を加える。

⑤ トマトを加え、強火にし、水気が飛ぶまで混ぜる。

⑥ 水気が飛んだら中火にし、ひき肉を加え混ぜる。水200mℓを加え、ふたをして10分ほど煮込んだら完成。

①

②

【パコラ】
① パクチーとミントをみじん切りにする。

② ひよこ豆の粉に水を加えて混ぜ、さらにパクチーとミントを加えて衣を作る。

③ 野菜に衣をつけ、180度に熱した油（分量外）で揚げて、カレーに添える。

京大カレー部の出店で全国各地に行ったとき、地元の美味しい野菜が手に入ると、よくパコラを作りました。パコラにしてカレーと食べると野菜の美味しさが引き出されます。インドのレシピではないのですが、アレンジでパクチーとミントを加えました。そのパコラに合うように、カレーは爽やかさと酸味のあるトマトキーマに仕上げました。

レシピ考案
津井研人
［工学研究科M2］

コツ
「パコラは衣を薄く、さっと軽く揚げるのがオススメです。季節の野菜でお楽しみください。衣にターメリックやコリアンダーなど、お好みのパウダースパイスを加えれば、より美味しく仕上がると思います」

36 有頭エビが泳ぎ出すトマトアヒージョカレー

オリーブオイルを贅沢に使い、エビの全身から旨味を抽出した魚介カレー

材料（4人前）

有頭エビ…４匹
にんにく…1/2株
ショウガ…１片
ホールトマト缶…1/2缶
マッシュルーム…６個
玉ねぎ…1/2玉
シーフードミックス…150ｇ
オリーブオイル…大さじ２
塩…適量
カイエンペッパー…少々
バジル…少々
粉チーズ…少々

〈ホールスパイス〉
カシア…１片
クミンシード…大さじ１
カルダモン…８粒
クローブ…８粒
マスタードシード…大さじ１

〈パウダースパイス〉
コリアンダー…大さじ２
クミン…大さじ１
ターメリック…小さじ２

作り方　　調理時間１時間

①

① 有頭エビは頭と尾を取り、殻を剝いて背わたを取る。頭や殻は捨てずにとっておく。

②

② にんにくをすりおろして半分に分けておく。ホールトマトをミキサーにかけてペースト状にする。ショウガをみじん切りにする。玉ねぎはくし切りにする。マッシュルームを薄くスライスする。

③

③ フライパンに油を熱しエビの頭、殻、尾を加え、弱めの中火で炒める。香りが油に移ったら、エビの頭と殻と尾を取り出す。頭だけは後で使うので捨てずにとっておく。

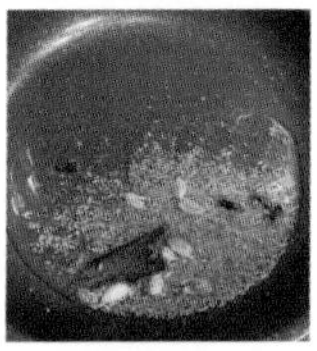
④

④ ③のオリーブオイルに〈ホールスパイス〉を加え、中火で加熱する。スパイスの香りが立ってきたら、ショウガとにんにくの半分を加えて弱めの中火で炒める。

⑤

⑤ ペースト状にしたトマトと水800㎖を加えて混ぜる。混ざったら、玉ねぎ、マッシュルーム、エビ、シーフードミックスを入れてアクを取りながら中火で煮込む。

⑥

⑥ 具材に火が通ってきたら〈パウダースパイス〉と塩を少量加える。粉っぽさがなくなってきたら、残りのにんにくを入れ、辛みがなくなるまで火を通す。

⑦

⑦ カイエンペッパーで好きな辛さに調節し、塩で味を調整する。白米とともに盛り付け、オリーブオイル（分量外）、バジル、粉チーズをお好みでかけて、エビの頭を載せれば完成！

エビの旨味を存分に前に出した具だくさんの魚介カレーです。バジル、粉チーズ、エビの頭で豪華な見た目に！　エビは食べられるところ以外の部分まで炒めてだしを取るために活用します。アヒージョの香りや食べ応えに近づけるために、何度もの試作を繰り返してできた自慢のカレーです。

レシピ考案
大島輝
［医学部2回生］

コツ

「エビの殻は焦がさないように、均一な温度で炒めることでえぐみを抑え、エビの香りを存分に楽しむことができます。追いオリーブオイルで、さらにアヒージョ感UP！」

37 一皿で2度美味しい！ だしスープがけプラオ

インド風炊き込みご飯・プラオをカレースープで仕上げる新感覚のスパイス料理

材料（4人前）

玉ねぎ…1玉
トマト…1個
パクチー…1束
ミント…1/2パック
バスマティライス…2カップ
手羽中…4本
おろしにんにく…小さじ1
おろしショウガ…小さじ1
サラダ油…大さじ1
鶏ガラスープ…200mℓ
塩…適量

〈ホールスパイス〉
ローリエ…4枚
シナモン…1片
クローブ…4粒
カルダモン…4粒

〈パウダースパイス〉
コリアンダー…大さじ2
ターメリック…小さじ2
カイエンペッパー…小さじ1

作り方 調理時間45分

①

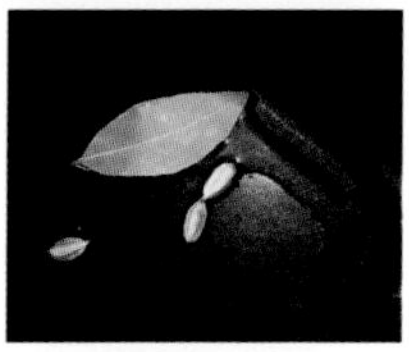
②

③

④

⑤

① バスマティライスを水（分量外）に浸して吸水させる。玉ねぎは薄くスライスする。トマトを粗みじん切りにする。手羽中は味が染みやすいように、表面に切れ込みを入れておく。

② 鍋に油と〈ホールスパイス〉を加え、弱火で熱する。

③ 香りが立ってきたら玉ねぎ、にんにく、ショウガ、塩小さじ1程度を加え、強火で熱する。玉ねぎが色づいてきたら水50mℓを加え、水分が飛ぶまで混ぜる。

④ 水分が飛んだら、火を止め〈パウダースパイス〉を加え、弱火にして混ぜる。混ざったらトマトを加え軽く炒める。できたマサラを大さじ1だけ別に取り分けておく。

⑤ 手羽中、水500mℓ、パクチー、ミント、吸水させたバスマティライスを加え、ふたをして5分ほど煮込んでプラオの完成。

⑥ ④で取り分けたマサラに、鶏ガラスープを加え煮立たせて、だしスープを作る。プラオを食べている途中で、だしスープをかければ、味を変えて楽しめる。

インドでビリヤニに並ぶ定番米料理プラオですが、インド料理屋さんで注文すると、ミニカレーやライタ（ヨーグルトサラダ）が付いてきます。それを日本人風にアレンジしてだしカレースープで味を変化させます。

レシピ考案
津井研人
［工学研究科M2］

コツ

「ミントが苦手な方なら無しでも大丈夫です。玉ねぎのコクがプラオの美味しさに直結するため、飴色になるまで根気よく炒めてください」

38 シュレディンガー先生のカレーラビオリ

包まれたパスタの中にカレーが？　それは食べてみないとわからない

材料（4人前）

【カレーラビオリ】
強力粉…100g
卵…1個
塩…少々
合ひき肉…50g
玉ねぎ…1/4玉

〈パウダースパイス〉
クミン…小さじ1/2
コリアンダー…小さじ1/2
ターメリック…小さじ1/4
陳皮…小さじ1/8
ブラックペッパー…小さじ1/8

【トマトソース】
ホールトマト缶…1缶
玉ねぎ…1/4玉
にんにく…1片
オリーブオイル…大さじ3
コンソメ顆粒…小さじ1/2
オレガノ…小さじ1
唐辛子…1本
塩…少々

作り方　　調理時間1時間20分

①
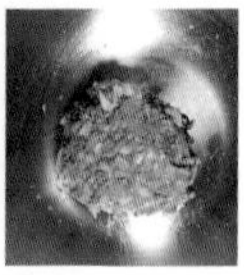
②

③

④

⑤

⑥

【カレーラビオリ】
① 強力粉に溶き卵、塩を入れて生地が滑らかになるまでこね、1時間ほど寝かせる。

② 玉ねぎをみじん切りにし、合ひき肉、塩、〈パウダースパイス〉を入れてこねる。

③ 寝かせておいた生地を2つに分けて、それぞれ2ミリくらいの厚さに延ばす。

④ フィリングを小さめに丸めて、片方の生地に間隔を空けて載せていく。

⑤ もう片方の生地を上に被せ、型抜きで中身が出ないように生地の部分を抜く。

⑥ 生地同士の端をしっかり密着させておく。

⑦ 塩をひとつまみ入れた熱湯に⑤を入れて茹で、浮き上がってから3分ほど経ったら引き上げる。

①

②

③

【トマトソース】
① 玉ねぎ、にんにくをみじん切りにする。

② フライパンに油とにんにくと唐辛子を加え、熱する。香りが立ってきたら玉ねぎを加え、強火で炒める。

③ 玉ねぎが軽く色づいてきたらトマト、オレガノ、コンソメを加え中火にして、崩しながら混ぜる。煮立ったら弱火にして30分ほど煮込む。焦げ付かないように底から混ぜる。

④ 塩で味を調整したら完成。ラビオリの上からかけて一緒に食べる。

このラビオリはパスタの中身とスパイシーなトマトソースが合わさり、カレーとして完成します。つまりパスタの中身を食べようとした時点でトマトソースと混ざり合ってしまうので、中身がカレーであったかどうかは決してわかりません。強力粉を使ってモチモチになったパスタに、スパイスの効いたフィリングを詰め込みました！

レシピ考案
加古有宜子
［農学部3回生］

コツ

「生地でフィリングを閉じ込めるつもりで、ピッチリと閉めてください。季節によってはフィリングに柚子の皮を使っても、さっぱりして美味しいです」

39 商店街の喫茶店のすじ煮込みカレー

昔ながらの“喫茶店カレー”を再現、懐かしさと新しさの味わいカレー

材料（4人前）

牛すじ肉…250g
玉ねぎ…1玉
にんじん…2本
ジャガイモ…2個
おろしにんにく…小さじ1/2
おろしショウガ…小さじ1/2
サラダ油…大さじ4
ホールトマト缶…1/4缶
カレーフレーク…2人前
インスタントコーヒー…小さじ1
ハチミツ…大さじ1
塩…適量

〈ホールスパイス〉
唐辛子…2本
カルダモン…4粒

〈パウダースパイス〉
クミン…小さじ2
クローブ…小さじ1.5
コリアンダー…小さじ1
ターメリック…小さじ1
カルダモン…小さじ1
シナモン…小さじ1/2

作り方　調理時間1時間30分

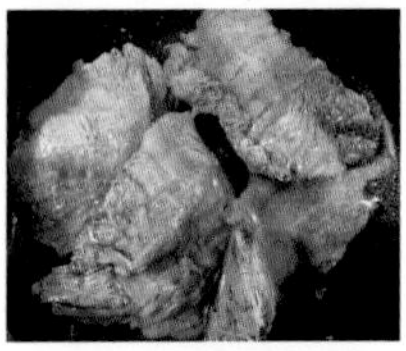
①

②

③

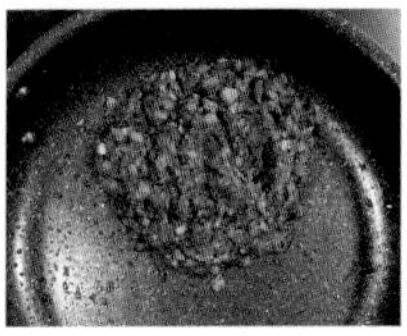
④

⑤

⑥

① 牛すじ肉を1時間くらい下茹でし、アクや余分な油を取り除いたら一口大に切る。

② 玉ねぎをみじん切りにする。にんじんとジャガイモは厚さ2cmくらいで半月切りにする。ジャガイモはレンジで4分ほど加熱して火を通しておく。

③ フライパンに油と〈ホールスパイス〉を加え、弱火で熱する。香りが立ってきたら、玉ねぎ、にんにく、ショウガを加え強火で炒める。

④ しっかりとした飴色になったら、ホールトマトを加え崩しながら炒める。水分が飛んでペースト状になったら、〈パウダースパイス〉を加え弱火で混ぜる。スパイスがなじんだら下茹でした牛すじ肉、にんじん、水600mℓを加え、1時間くらい煮込む。

⑤ ジャガイモを油（分量外）で素揚げする。端の方が茶色っぽくなってきたら油からあげて④に加える。

⑥ ④のにんじんが軟らかくなったら、カレーフレーク、ハチミツ、インスタントコーヒーを加え、ダマにならないように混ぜる。塩で味を調整したら完成。

喫茶店をたくさん食べ歩いた結果、自分の中でたどり着いたベスト“喫茶店カレー”を形にしました。僕の理想型は、昔ながらのシンプルな具、コーヒーとマッチするクローブ多めのスパイシーな香り、コクと深みがあるルウだと考えています。それを再現するため具材やスパイス構成を考えました。コクを出すための隠し味も加えました。コーヒーの香りもいいアクセントになります。

レシピ考案
三宅浩士朗
［農学部3回生］

コツ
「ジャガイモは素揚げしてからカレーに加えることで、煮込んでもドロドロになりにくくなるし、何よりジャガイモ本来の美味しさが引き立ちます。他の野菜でも素揚げしてから入れると野菜の味をより楽しめるようになり、オススメです」

40 鹿vs.ハーブ！ 香りの協奏カレー

ハーブをすり込んだ鹿肉を噛んだ瞬間、口の中に広がる鮮やかな香り

材料（4人前）

鹿肉…300g
玉ねぎ…1/2玉
トマト…1個
にんにく…1片
塩…適量
ローズマリー…ひとつまみ
オレガノ…ひとつまみ
サラダ油…大さじ5

〈パウダースパイス〉
クミン…小さじ2
コリアンダー…小さじ1
ターメリック…小さじ1
カイエンペッパー…小さじ1

作り方　調理時間30分

①

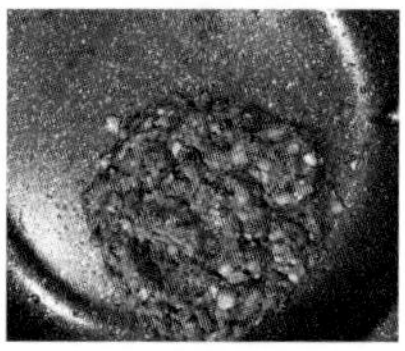

②

③

④

① 鹿肉は2cm角のサイコロ状に、玉ねぎ、トマト、にんにくはみじん切りにする。鹿肉にローズマリー、オレガノ、塩をひとつまみ加え、混ぜ合わせておく。

② フライパンに油を熱しにんにくと玉ねぎを加え強火で炒める。飴色になったら、トマトを加え水分を飛ばす。

③ 弱火にして〈パウダースパイス〉を加えて混ぜ、粉っぽさがなくなったら鹿肉を加え、表面に焼き色がつくまで炒める。

④ 水250mℓを加えて煮込む。塩を加えて味を調整したら、仕上げにローズマリーをかけて完成。

私が農学部の実習で山間地に行ったときに農家から獣害の話を聞き、鹿の肉を使って美味しい料理ができないかと考えて作ったカレーです。フレンチのジビエ料理からアイデアを得て、鹿肉の臭みを生かすためにハーブを利用しようと考えました。具材はなるべく鹿肉を目立たせるためにシンプルに、鹿肉の持つ魅力を最大限に引き出しました！

レシピ考案
三宅祥太朗
［農学部3回生］

コツ

「最後に味を調整するときに使う塩は、ハーブソルトに換えてみると、より香りを高めることができます。お好みに合わせてどうぞ！」

【研究コラム４】

京大カレー部的〈隠し味論〉とは？

カレーは仕上げ間際に入れる隠し味の種類が最も多い料理といわれています。チョコレート、ハチミツ、バター、リンゴ、ヨーグルト、ウスターソースなど、有名なものだけでも数え切れないほどバリエーションがあります。

いつものカレーの味に慣れてしまい、飽きないように隠し味を考えても、どれを選べばいいのか、ついつい迷いがちですが、そんなときに、京大カレー部ではどうやって隠し味を仕込んでいるのかをお教えします。

キーワードは“隠す隠し味”と“隠さない隠し味”です。隠し味にも２つのパターンがあります。

１つ目のパターンは“隠す隠し味”で、その名の通り食べた人には、何の食材が使われているのかわからない隠し味のことです。

そもそも隠し味とは、カレーの足りない部分を補うことで、完全なカレーにするために必要なものであるべきと考えています。例えば、出来上がったカレーを味見して、コクが足りないなと感じたら、補うためにバターを加えるといったイメージです。

このような使い方であれば、隠し味でどれを使えばいいかと迷う必要はありません。作っているカレーに不足する味覚を有する食材を用意して、隠し味として加えればいいからです。

２つ目の“隠さない隠し味”とは、その名の通り、食べる人に隠し味を使っていることを事前に告知するパターンです。告知すれば、カレーの様々な味や香りの中から意識してその隠し味の元となる食材を探すようになるので、より味を際立たせることができます。

隠し味になるのは何も食材に限ったことではありません。事前の情報も隠し味になります。例えば、長い行列のできる店の料理は、仮に料理の味に特徴のない店だとしても、多くの客が期待して並んでいる事実から、その店は美味しいと感じるよう暗示的に誘導されがちです。

このように事前に情報を上手く利用することで、カレーはもっと美味しくすることができるのです。例えば、独自のスパイスカレー文化が根付く大阪では、情報量の多いネーミングのカレーが多く、客はメニューからその名前を見ては、どんなカレーかを脳内で想像し、その段階からすでにカレーを食す行為を開始しています。

隠し味としての情報もカレーを引き立てているという事実。本書のレシピ名が個性的で情報量が多いのも、作成者一人一人のカレーへの情熱が、レシピ名さえもカレーの隠し味にしているからなのです。

LEVEL 5

41 憧れのフレンチ技法×カレー豪華3本立て

フランス料理を改変してオシャレでやさしいカレーを作ります！ 一気に3種紹介

材料（4人前）

【ビーフソースカレー】
玉ねぎ…5玉
ショウガ…1片
牛ひき肉…200g
オリーブオイル…大さじ2
マッシュルーム…100g
トマトピューレ…50g
赤ワイン…200mℓ
コンソメキューブ…1個
粉ゼラチン…5g
塩…適量
〈パウダースパイス〉
クミン…小さじ2
ターメリック…小さじ1
コリアンダー…小さじ1
ブラックペッパー…小さじ1
カイエンペッパー…小さじ1/2
クローブ…小さじ1/2
ナツメグ…小さじ1/2

【ヴィシソワーズ風カレー】
玉ねぎ…1玉
ジャガイモ…3個
オリーブオイル…大さじ1
コンソメキューブ…1個
ローリエ…2枚
生クリーム…100mℓ
牛乳…150mℓ
塩…適量
〈パウダースパイス〉
クミン…大さじ1/2
ターメリック…小さじ1
コリアンダー…小さじ1
カイエンペッパー…小さじ1/2
ガラムマサラ…小さじ1/2

【パンプキンポタージュカレー】
玉ねぎ…1玉
カボチャ…1/2個
カシューナッツ…80g
オリーブオイル…大さじ1
牛乳…500mℓ
塩…適量
〈パウダースパイス〉
クミン…小さじ2
ターメリック…小さじ1
コリアンダー…小さじ1
カイエンペッパー…小さじ1/2

作り方　調理時間2時間＋1時間＋1時間

①
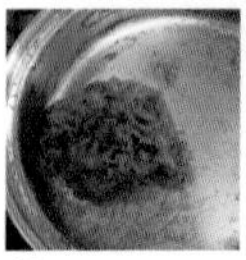
②

④

⑤
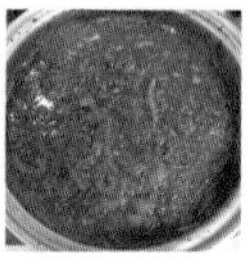
⑥

【ビーフソースカレー】
① 玉ねぎ4玉を薄くスライス、1玉をくし切りにする。ショウガはすりおろす。マッシュルームはスライスしておく。
② 油大さじ1を熱し、スライスした玉ねぎを炒める。キツネ色くらいになったら水に溶いたショウガを加え、再び飴色になるまで炒める。
③ 別の鍋に油大さじ1を熱し、牛ひき肉を強火で表面に少し焦げ目がつくまで炒める。
④ 焦げ目がついたら、マッシュルーム、くし切りにした玉ねぎを加え茶色に色づくまで炒める。
⑤ 色づいてきたら、②の飴色玉ねぎ、トマトピューレを加えて炒める。水分が飛んできたら〈パウダースパイス〉を加えてなじませるように炒める。
⑥ 赤ワイン、水800mℓ、コンソメ、ゼラチンを加え弱火で煮詰めるように30分ほど煮る。
⑦ 味を調整して完成。

①

②

③
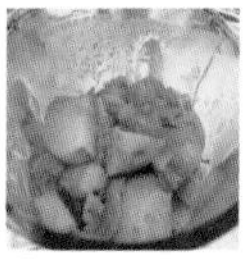
④

⑤

【ヴィシソワーズ風カレー】
① 玉ねぎを薄くスライス、ジャガイモは皮を剝き小さく切る。
② 油大さじ1を熱し、スライスした玉ねぎを炒める。透き通ってきたら〈パウダースパイス〉を加えて混ぜる。
③ ジャガイモを加えてさらに炒める。中まである程度火が通ったら、水、コンソメ、ローリエを加えてジャガイモが崩れるまで煮込む。水はジャガイモが漬かる程度に入れる。
④ ローリエを取り除き、ミキサーにかけポタージュにする。軽く泡立つくらいまで撹拌する。
⑤ 生クリームと牛乳を加え、味を調整したら完成。冷やしても美味しい。

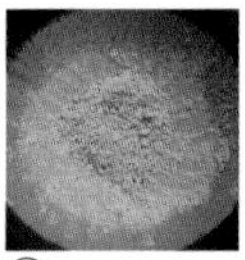
①

②

③
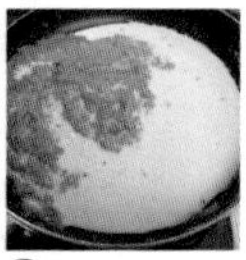
④

【パンプキンポタージュカレー】
① 玉ねぎは細かくみじん切りにする。カボチャはレンジであらかじめ軽く火を通し皮を取る。カシューナッツをすりつぶしてペースト状にする。
② 油を熱し、スライスした玉ねぎを炒める。透き通ってきたら〈パウダースパイス〉を加えて混ぜる。
③ カボチャを加え崩れるまで炒める。崩れてきたら、木べらを使って完全に潰してしまう。
④ カシューナッツペーストを加えてよく混ぜる。さらに水200mℓ、牛乳を加えて味を調整したら完成。冷やしても美味しい。

それぞれ「ブラウンソース」「ヴィシソワーズ」「カボチャのポタージュ」を原案に、変わり種カレーを3種作ります。ブラウンソースは、牛骨スープを［焦がした牛ひき肉＋コンソメ＋ゼラチン］の組み合わせで再現しています。フランス料理では、この後に具材をすべて捨てて漉《こ》しますが、カレーなのでこの段階でおしまい。後の2種は原案どおり冷製で召し上がって頂いてもOK。

レシピ考案
塚本祐太
［総合人間学部2回生］

コツ
「フランス料理のピュアな深い味を再現するので、ただひたすら丁寧に作るべし。ブラウンソースは、これでもかなり簡略化しているつもりです」

42 スモーキーな薫りがたまらないせせりサグカレー

じっくりと鶏せせりを燻製し、ほうれん草と合わせたカレー

材料（4人前）

鶏せせり肉…300g
ほうれん草…2袋
サラダ油…大さじ5
玉ねぎ…1玉
おろしにんにく…小さじ1
おろしショウガ…小さじ1
トマトピューレ…大さじ1
塩…適量
醤油…少々

〈パウダースパイス〉
コリアンダー…大さじ1
ガラムマサラ…大さじ1
ターメリック…小さじ1

作り方　調理時間1時間30分

①

②

③

④

⑤

① 鶏せせり肉に、にんにく、ショウガ、醤油を加え、1時間かけてマリネにする。1時間経ったら、水分を拭き取り、ヒッコリーチップで10分間熱燻《ねっくん》して燻製せせりを作る。

② ほうれん草をお湯で茹で、火が通ったら水分を切ってミキサーでペースト状にする。

③ 玉ねぎをみじん切りにする。

④ フライパンに油を熱し、玉ねぎを強火で炒める。飴色になったら、〈パウダースパイス〉と塩少々を加え、香りが立つまで炒める。

⑤ トマトピューレと②のほうれん草ペーストを加えて混ぜ、中火で全体になじませる。

⑥ 燻製せせりを加え全体になじませ、塩分・水分を調整して完成。

燻製とスパイスを掛け合わせたカレーを作りたいという思いから、このレシピが生まれました。鶏肉の燻製チップとしてヒッコリーを使用しています。これが日本人が薫香と聞いてイメージする香りに最も近いからです。スパイスは薫香とのバランスを考え、最低限の種類に抑えました。スパイスと薫香の力強さが、ほうれん草で作ったサグペーストを加えることによってマイルドになり、飽きない味に仕上がります。

レシピ考案
鈴木七央也
[工学研究科M1]

コツ

「ほうれん草は軽く火を通す程度に茹でましょう。そうすることで、ミキサーでペーストにするときに綺麗な緑色に仕上がります。せせりは熱燻する際、中までしっかり火を通しましょう。カレーの調理時間を減らし、スパイスの香りが飛ぶのを防ぐためです」

43 漢《おとこ》のワイルド粗挽きイノシシキーマ

イノシシを自分でブロック肉から粗挽きにして作るワイルドキーマカレー

材料（4人前）

イノシシ肉(ブロック)…300g
玉ねぎ…1/2玉
サラダ油…大さじ2
セロリ…1/2本
すりおろしにんにく…小さじ1/2
塩…適量
糸唐辛子…適量
ブラックペッパー…適量

〈ホールスパイス〉
クミンシード…小さじ1
ブラウンカルダモン…2粒

〈パウダースパイス〉
ブラックペッパー…小さじ1
フェヌグリーク…小さじ1/2
コリアンダー…小さじ2
カイエンペッパー…小さじ1
ターメリック…小さじ1

作り方　調理時間1時間

①

②

③

④

⑤

① イノシシ肉をある程度の大きさに切り分けて、ミキサーにかけて挽き肉にする。

② 玉ねぎ、セロリをみじん切りにする。

③ フライパンに油を熱し、〈ホールスパイス〉を加える。香りが立ってきたら、玉ねぎとにんにくを加え、全体が色づくまで炒める。

④ セロリを加えて炒め水分が飛んだら〈パウダースパイス〉を加え、なじむまで混ぜる。

⑤ 挽き肉にしたイノシシ肉を加え炒める。火が通ったら塩を加えて味を調整する。

⑥ 皿に盛って上に糸唐辛子、ブラックペッパーをトッピングして完成。

イノシシ肉は硬くて脂も多く、包丁で切って調理するのが難しいので、ミキサーにかけてしまおうという発想で生まれたカレーです。自分で粗挽きにするので肉の大きさが不均一になっており、その食感の微妙な違いまで楽しむことができます。イノシシ肉の旨味や野性味を引き出すためにブラックペッパーやブラウンカルダモンを使用しました。

レシピ考案
三宅祥太朗
［農学部3回生］

コツ

「イノシシ肉が手に入らないときは、豚肉のブロックなどで代用することもできます。挽き肉を使用するのではなく、自分で粗挽きにすることによって、より美味しくなります」

44 中華料理激戦区で生まれたピーナッツチキンカレー

唯一無二の旨味を醸し出す、砕いたピーナッツが特徴のカレー

材料（4人前）

玉ねぎ…1.5玉
にんにく…２片
ピーナッツ…大さじ２
サラダ油…大さじ３
冷凍貝柱（干し貝柱でも可）…20個
老抽《ラオチョウ》（中国たまり醤油）…大さじ１
砂糖…小さじ1/2
酢…数滴
鶏もも肉…250ｇ
料理酒…大さじ２
片栗粉…小さじ２
塩…少々
パクチー…お好みで

〈ホールスパイス〉
唐辛子…２本
クミンシード…小さじ1/2

〈パウダースパイス〉
コリアンダー…大さじ１
クミン…小さじ１
ターメリック…小さじ1/2
ガラムマサラ…少々

作り方　　調理時間30分

①

②

③

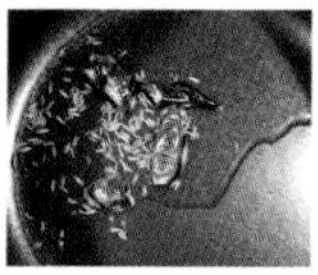
④

⑤

⑥

⑦

① 鶏肉に塩・コショウを振って一口大に切り、料理酒を揉み込み、片栗粉を軽くまぶす。

② 貝柱をひたひたの水に入れて熱し、沸騰したら火を消してピーナッツを加える。粗熱が取れたら、お湯ごとミキサーに入れ、ざく切りにした玉ねぎ3/4玉、にんにくも加える。玉ねぎはペースト状に、ピーナッツは微妙にざらつきが残る程度にまで粉砕する。

③ できたペーストをフライパンで軽く熱し玉ねぎ臭さを取る。

④ 別のフライパンに油をひき〈ホールスパイス〉を炒める。そこに、くし切りにした玉ねぎ3/4玉を加え、軽く炒める。

⑤ 鶏肉を加えて炒め、ターメリックのみ加える。

⑥ 鶏肉に火が通ったら、③のペーストを加え〈パウダースパイス〉の残りを入れて中火で炒める。

⑦ 老抽で風味と色を調整し、砂糖と酢でコクを出す。ざく切りパクチーをお好みで加えて完成。

タイのマッサマンカレーから着想を得て素材は中華、スパイスはインド風という創作「タイ・中国・インド」三国同盟カレーです。京大周辺は中華料理屋さんや中国物産店が多く、そのおかげでいろんな中華食材が簡単に手に入るので、多少マニアックな材料も使っていますが、それらを使った独特の味はやみつきになること請け合いです！

レシピ考案
佐藤壮之介
［文学部2回生］

コツ

「ピーナッツは旨味を出すとともに食感が大事なので、ミキサーにかけるときは、粒感がやや残る程度にとどめましょう」

45 日本酒に合う燻《いぶ》され豆キーマ

燻製とスパイスの香りのダブルパンチ！　食感が楽しく飽きさせないキーマカレー

材料（4人前）

玉ねぎ…1玉
おろしにんにく…小さじ1
おろしショウガ…小さじ1/2
サラダ油…大さじ4
ホールトマト缶…1/2缶
ムング豆（緑豆）…250g
豚ひき肉…150g
チンゲンサイ…1束
レンコン…50g
醤油…大さじ1
ケチャップ…大さじ1
塩…適量

〈パウダースパイス〉
クミン…大さじ1.5
ブラックペッパー…小さじ2
フェヌグリーク…小さじ2
ターメリック…小さじ1
コリアンダー…小さじ1
五香粉…小さじ1
パプリカパウダー…小さじ1
チリペッパー…小さじ1/2

作り方　調理時間1時間40分

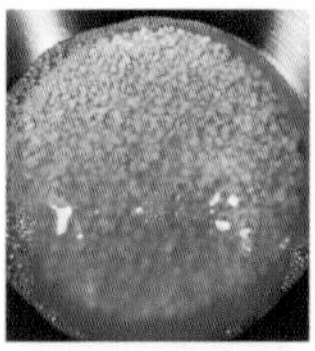

①

②

③

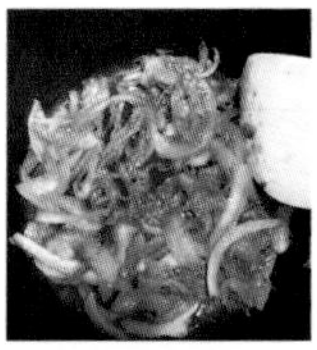

④

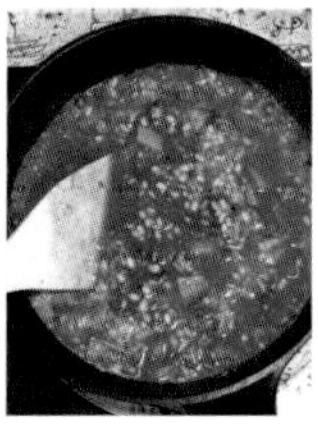

⑤

① ムング豆を洗い、浸るくらいの水に1時間以上漬けておく。玉ねぎを薄切りにスライス。レンコンを2cm角のサイコロ状に切る。チンゲンサイを2cm長くらいで切る。

② 豚ひき肉を桜チップで10分間熱燻する。平皿に薄くひき肉を敷き、皿ごと網を張ったフライパンに載せてふたをすると、燻製機なしでも燻製ができる。

③ フライパンに油を熱し、玉ねぎ、にんにく、ショウガを加えて強火で炒める。

④ 玉ねぎが色づいてきたら、ホールトマトを加え、水分が飛びペースト状になるまで炒める。

⑤〈パウダースパイス〉を加え、弱火で混ぜながら炒める。粉っぽさがなくなったら、ムング豆、燻製ひき肉、カットした野菜、醤油、ケチャップ、水200mℓを加え、1時間くらい煮込む。

⑥ ムング豆が軟らかくとろけるようになったら、好きな硬さで火を止め、塩で味を調整したら完成。

お酒に合う、ひき肉を燻製にしたカレーを作りたくて考案しました。キーマカレーは食感が単調なので、レンコンでシャキシャキ感を出し、ムング豆でトロトロ感をプラスします。煮込み時間が長いので食感を残すためにチンゲンサイを使います。ムング豆は煮込めば煮込むほどトロトロになるので、煮込み時間はお好みの加減に調整してください。

レシピ考案
三宅浩士朗
［農学部3回生］

コツ

「ひき肉を燻製にするときは平たく敷くことで表面積を増やし香りを定着させやすくします。燻製はフライパンで簡単にできるので壁を感じずにやってみて！」

46 南インドへ瞬間移動！チェッティナードゥ・コーリー・コランブー

チェッティナードゥ地方のチキンカレーを可能な限り再現した現地の味！

材料（4人前）

玉ねぎ…３玉
にんにく…４片
ショウガ…４片
鶏もも肉…300ｇ
カレーリーフ（フレッシュ）…15枚
トマト…１個
乾燥タマリンド…５ｇ
塩…適量
サラダ油…大さじ６

〈チェッティナードゥ・マサラ〉
コリアンダーシード…小さじ２
ブラックペッパー…小さじ1.5
スターアニス（八角）…１個
カシア…１片
クローブ…３粒
カルダモン…４粒
クミンシード…小さじ１
フェンネル…小さじ２
唐辛子…３本
カルパシ…６片
ココナッツミルク…大さじ４
ココナッツファイン…大さじ４

〈ホールスパイス〉
カルダモン…４粒
クローブ…５粒
カシア…１片
スターアニス（八角）…２個

〈パウダースパイス〉
コリアンダー…大さじ１
クミン…小さじ１
ターメリック…小さじ1/2

作り方　調理時間１時間

①

① 玉ねぎをみじん切りにする。にんにくとショウガはすりおろす。鶏もも肉は皮を剥いて一口大に切り、塩を振っておく。タマリンドを30mℓほどの水に浸して、ペーストにしておく。トマトは炒めやすい大きさに切る。

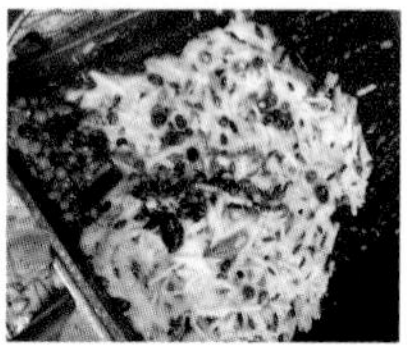
②

② チェッティナードゥ・マサラを作る。フライパンに油大さじ２を入れ、〈チェッティナードゥ・マサラ〉のコリアンダーシード〜カルダモンを入れ弱火で炒める。香りが立ってきたらクミンシード〜カルパシを入れて軽く炒め、ココナッツミルクとココナッツファインを入れて、軽く色づくまで炒める。

③

③ 粗熱を取ってすべてミキサーに入れ、水100mℓ（回らなかったら適宜に追加）を加え、細かいペースト状になるまでミキサーにかける。フライパンに油大さじ4をひき、強めの弱火で〈ホールスパイス〉をテンパリングする。

④

④ 香りが立ったらカレーリーフを加え、パリッとしてきたら玉ねぎを加え強火で炒める。玉ねぎが色づき始めるくらいで、にんにくとショウガを加え、飴色になるまできっちり炒める。

⑤

⑤ 鶏もも肉を加え炒める。表面が白くなってきたら、〈パウダースパイス〉と塩を加えて、なじませるように炒める。

⑥

⑥ タマリンドペーストとトマトを入れて、潰すように軽く炒め、水を適宜に加える。

⑦

⑦ ５分ほど焦げないように中火で煮込み、チェッティナードゥ・マサラを加えてさらに５〜６分煮込む。塩、水、ココナッツミルク（分量外）などで味を調整したら完成。

南インドのタミル・ナードゥ州のチェッティナードゥ地方は、かつて豪商の財力により美食文化が栄えた地方。この地で栽培される様々なスパイスや地衣類を利用した、スパイシーな特製チキンカレーです。

レシピ考案
佐藤壮之介
［文学部2回生］

コツ
「もっと本格的にしたければ、鶏肉は別で炒めて、カレーはボコボコ煮立てましょう。よりなじみが良くなります」

47 洋食屋風ラグジュアリー・ブラックビーフカレー

ホテルのレストランや洋食屋のメニューにあるような、黒ゴマ高級ビーフカレー

材料（4人前）

玉ねぎ…２玉
にんじん…１本
セロリ…１本
マッシュルーム…10個
バター…30ｇ
トマトピューレ…大さじ３
牛ブロック肉…300ｇ
赤ワイン…200mℓ
コンソメキューブ…１個
インスタントコーヒー…小さじ１
黒ゴマペースト…小さじ２
塩…適量

〈パウダースパイス〉
カレー粉…大さじ1.5
クミン…小さじ１
パプリカパウダー…小さじ１
シナモン…小さじ1/2
クローブ…小さじ1/2

作り方　　調理時間２時間

①

① 玉ねぎを半分に、にんじんとセロリをを４等分くらいに切って、マッシュルーム、バターと一緒に鍋に入れ、浸るくらいの水を入れ、ふたをして弱火で６時間以上煮込む。

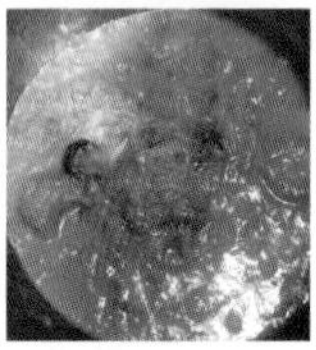
②

② 水分が減ってきたら、適宜に足していく。

③

③ 牛肉は一口大に切り、ワインに漬け込んでおく。

④

④ 野菜がドロドロになり、色も茶色くなってきたら、ミキサーにかけて、さらに水分が少なくなるまで、ふたをせずに煮込む。ドロドロのペースト状になるくらいまで水分を飛ばす。

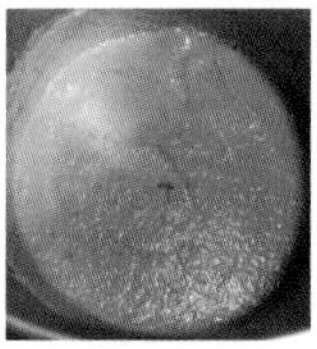
⑤

⑤ トマトピューレと〈パウダースパイス〉を加え、混ぜながら粉っぽさがなくなるまで煮込む。

⑥

⑥ フライパンを熱し、牛肉を漬け込んでいたワインごと加えて炒める。表面に焼き色がついたら、煮汁と一緒に④のカレーソースに加えてよく混ぜる。

⑦

⑦ コンソメ、インスタントコーヒー、水に溶いた黒ゴマペーストを加えてダマにならないように混ぜ、水分が少なかったら水を100mℓくらい入れ、ふたをして再び１時間ほど弱火で煮込む。

⑧ 水と塩で、水分、塩分を調整したら完成。

ホテルのレストランや洋食屋のメニューにあるような、手間暇かけた高級なカレーを家でも食べたいと思い考案しました。フォン・ド・ヴォーを作る手順を真似てじっくりと煮込み、メイラード反応を起こした野菜のだしをベースに作ります。ワインやバターが香りに深みを加え、黒ゴマペーストや牛肉が驚くほど野菜の旨味を立体的に引き立て、一口食べるだけでラグジュアリーな気持ちになります。

レシピ考案
三宅浩士朗
［農学部3回生］

コツ

「牛肉をワインに漬け込むと、ワインの酸によってpHが下がり、肉の繊維質がほぐれ、構造が変化して肉が軟らかくなります。さらに、高級感ある風味も加わり一石二鳥です」

48【新発見】テリーヌにしたらめっちゃ美味しかった鯛のラッサム

鯛のラッサムをゼラチンで凝固、なんと固形化に成功した新感覚カレー

材料（4人前）

鯛あら…２頭分
泡辣椒《パオラージャオ》（唐辛子でも可）…１本
玉ねぎ…1/2玉
にんにく…１片
トマト…２個
乾燥タマリンド…７ｇ
塩…適量
白ワイン…大さじ１
オクラ…５本
キュウリ…1/3本
マスタードシード…小さじ1/2
カレーリーフ（フレッシュ）…10枚
粉ゼラチン…10ｇ
サラダ油…大さじ２

〈パウダースパイス〉
コリアンダー…小さじ1/2
ブラックペッパー…小さじ1/2
カイエンペッパー…小さじ1/4
ターメリック…小さじ1/4
クミン…小さじ1/4

作り方　　調理時間２時間

①

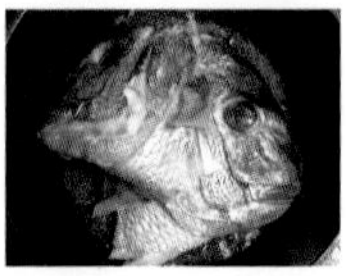
②

③

④

⑤

⑥

⑦

⑧

⑨

① タマリンドを20mℓのぬるま湯に入れ、揉みほぐしてペースト状にする。キュウリは小さなサイコロ状に切り、塩もみしておく。鯛あらから鱗を取り、塩分濃度3.5%の氷水に入れ30分ほど冷蔵。その後、水で洗い流してしっかりと水気を切る。玉ねぎ、にんにくをみじん切りにする。トマトは角切りにしておく。

② フライパンにサラダ油（分量外）をひいて熱し、強火で鯛あらを炒め焼く。鯛の両面に火が通ったら、白ワインと水50mℓを加えて焦げをこそげ落とし、沸騰してアルコールが飛んだら、水300mℓを加えて弱火で煮る。

③ 適宜にアクを取りながら、20分ほど煮込んだら火を止めて粗熱を取り、骨からほぐし身を取って別に分けておく（この時に鱗や小骨が入らないように注意する）。

④ 別のフライパンに油をひき、にんにくを加えて弱火で炒める。にんにくが色づく前に、小口切りにした泡辣椒と玉ねぎを加え、中火で炒める。

⑤ 玉ねぎが透き通ってきたらトマトを加えさっと炒める。トマトがペースト状になり始めたら弱火に落とし、〈パウダースパイス〉を加えて混ぜ炒める。

⑥ 香りが立ったら先ほどの鯛の煮汁とほぐし身を加えて煮込み、タマリンドペーストを加え、沸騰したら弱火で５分ほど煮込む。

⑦ サラダ油（分量外）をひいたフライパンでマスタードシードを強火でテンパリングし、全体の７割がはじけたら弱火にしてカレーリーフを炒める。そこに小口切りにしたオクラを加えて炒め、余分な粘り気が取れたら⑥に加える。

⑧ 塩もみしておいたキュウリを加える。酸味が足りなかったらビネガー、酸味が立ちすぎなら砂糖や少量のココナッツファイン（いずれも分量外）、塩で味を調整し火を止める。

⑨ 粉ゼラチンを加えてよく混ぜ、型に流し込んで冷蔵庫で冷やし固める。固まったら切り分けて完成。

南インドの朝飯の定番スープ、ラッサムと鯛を組み合わせました。これだけでも美味しいのに、さらにテリーヌ風に仕上げたらもっと美味しくなりました。次々と変わる食感が楽しく、高級料理店の前菜として出すに相応しいほどの高い完成度!!　少し手間のかかるメニューですが、手間の分だけ美味しさ請け合いです。

レシピ考案
佐藤壮之介
［文学部2回生］

コツ

「鯛のあらから身を取る際は、鱗も混じりやすいので、気をつけて鱗を取りましょう。ゼラチンを加えるときは火を止めてからにしないと、タンパク質が変性してしまい、なかなか固まらなくなるので要注意」

49 脳が美味しいと感じる究極のカレー

脳が美味しいと感じる要素を追求した、とろとろ牛すじとゴボウのカレー

材料（4人前）

〈牛すじ煮込み〉
牛すじ…300g
ゴボウ…1本
醤油…大さじ3
料理酒…大さじ3

玉ねぎ…1玉
サラダ油…大さじ5
ホールトマト缶…1/4缶
にんにく…1片
ショウガ…1片
和風だし…300mℓ
塩…適量

〈ホールスパイス〉
シナモン…4片
ブラックペッパー…小さじ2

〈パウダースパイス〉
コリアンダー…大さじ1.5
クミン…大さじ1
ターメリック…小さじ2
カイエンペッパー…小さじ1
カルダモン…小さじ1

〈トッピング〉
ちりめん山椒…適量
ピンクペッパー…適量

作り方　調理時間1時間30分

①

① 牛すじ煮込みを作る。牛すじを一口大に、ゴボウを厚さ1cmの輪切りにし、醤油、料理酒、浸るくらいの水を入れてふたをし、弱火で4時間以上煮込む。

②

② 玉ねぎ、にんにく、ショウガをみじん切りにする。

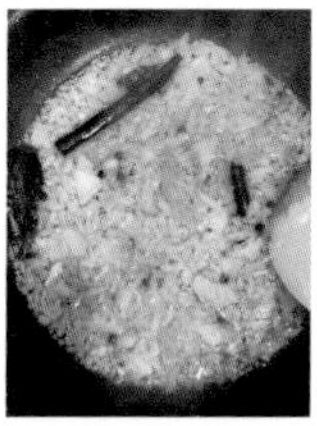
③

③ フライパンに油と〈ホールスパイス〉を加えて熱し、香りが立ってきたら玉ねぎ、にんにく、ショウガを加え強火で炒める。水分が少なくなってきたら、途中で50mℓほど水を加えることで色が全体に均等につく。

④

④ 濃い飴色になったら、ホールトマトを加えて潰しながら炒める。水分が飛んできたら、弱火にして〈パウダースパイス〉を加え、粉っぽさがなくなるまで炒める。

⑤

⑤ 牛すじ煮込みと和風だしを加えて煮立て、ふたをして30分以上弱火で煮込む。塩で味を調整する。

⑥ 皿に盛り付けて、お好みで〈トッピング〉をかけたら完成。

日本人の脳が美味しいと感じる要素を追求したレシピです。伝統的に日本人は軟らかい肉が好き。そこでトロトロの牛すじ煮込みをカレーにします。また、脳は慣れ親しんだお袋の味を美味しいと感じるもの。そこで和食の味付けに使われるだしと醤油の旨味も最大限に効かせます。さらに食感や見た目の鮮やかさも美味しさのファクター。変化を加え決して飽きさせません。脳が喜び、はしゃぎ出すカレーです。

レシピ考案
三宅浩士朗
［農学部3回生］

「牛すじを軟らかく加熱する過程にポイントがあります。牛すじに多く含まれ、肉を硬くしている原因であるコラーゲンは80度以上にならないと溶けません。そのため煮込むときは弱火にせず、強火で焦げないよう注意しながら水を足しつつ調理します」

50 世界一美味しい料理ランキング1位に挑んだマッサマンカレー

パイナップルの甘さがアクセントに。ココナッツミルクを使ったタイの最強カレー

材料（4人前）

牛ブロック肉…200g
パイナップル…20g
ピーナッツ…大さじ2
ジャガイモ…2個
玉ねぎ…1/2玉
レモングラス（フレッシュ）…1本
にんにく…2片
ショウガ…1片
サラダ油…大さじ1
ココナッツミルク…300mℓ
タマリンドペースト…小さじ1
ローリエ…2枚
ナンプラー…大さじ2
砂糖…大さじ1.5
ダシダ…大さじ2
塩…適量

〈ホールスパイス〉
フェンネル…大さじ1
カルダモン…6粒
クローブ…10粒
コリアンダーシード…大さじ1
ブラックペッパー…小さじ1
唐辛子…3本

〈パウダースパイス〉
シナモン…小さじ2

作り方　調理時間1時間30分

①

① 牛肉とパイナップルを一口大に切り、よく混ぜ合わせて出てきたジュースに漬け込んでおく。玉ねぎ、レモングラス、にんにく、ショウガを粗みじん切りにする。ジャガイモを1cm幅くらいの厚めのいちょう切りにする。

②

② ピーナッツを乾煎りして表面に焼き色をつける。

③

③〈ホールスパイス〉を弱火で乾煎りする。香りが立ってきたら、ミルで砕きパウダー状にする。

④

④ 玉ねぎ、レモングラス、にんにく、ショウガを弱火で5分ほど炒める。水分が飛んできたら、石臼に移してすりつぶす。③で砕いたスパイスと、〈パウダースパイス〉も加えて、さらにペースト状になるまですりつぶす。

⑤

⑤ フライパンに油を熱し、すりつぶしてできたペーストを加えてなじませる。なじんだら牛肉をパイナップルごと加え、表面に焼き色がつくまで炒める。

⑥

⑥ ココナッツミルクと水100mℓを加えて伸ばし、混ざったらピーナッツ、タマリンドペースト、ローリエ、砂糖、ナンプラー、ダシダを加えてよく混ぜる。

⑦

⑦ ジャガイモを加えて塩で味を調整し、ジャガイモに火が通るまで煮込んだら完成。

かつてCNNの調査で「世界の美味しい料理ランキング1位」に選ばれた、タイのマッサマンカレーを学祭で、みんなに振る舞えるように改良したカレーです。ホールスパイスも玉ねぎもすべて砕いてペースト状にして作るのが特徴です。すりつぶすのはとても力がいるので、筋トレにもなります。頑張れば頑張った分だけ美味しく感じるというカレーです。

レシピ考案
田村夢海
［文学部4回生］

「パイナップルはタンパク質分解酵素を持っているため、牛肉を漬け込むと肉の繊維が適度にほぐれて、とても軟らかくなります。甘さと酸味もマッサマンカレーを美味しくしてくれる要素の一つです」

【研究コラム5】

カレーの〈味の組み合わせの法則性〉とは？

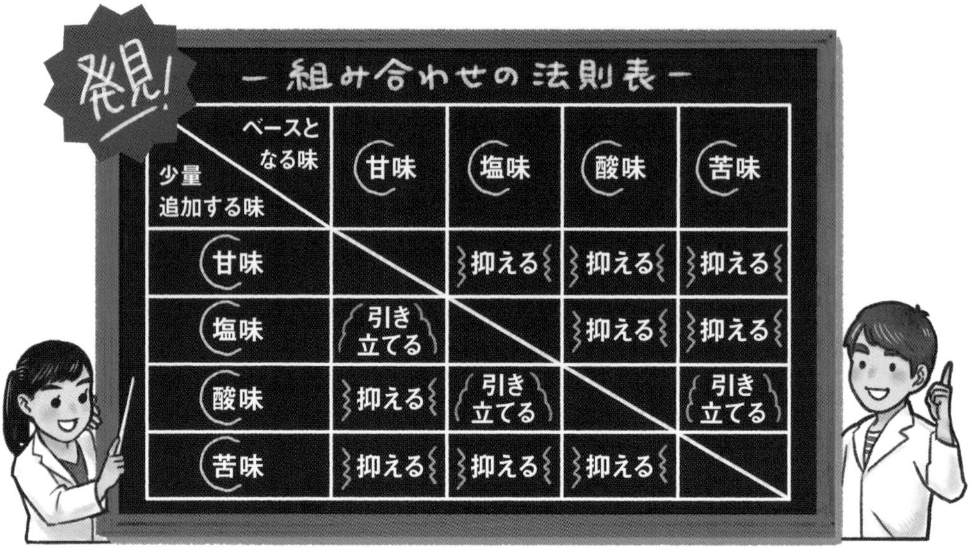

少量追加する味 ＼ ベースとなる味	甘味	塩味	酸味	苦味
甘味		抑える	抑える	抑える
塩味	引き立てる		抑える	抑える
酸味	抑える	引き立てる		引き立てる
苦味	抑える	抑える	抑える	

カレーを作っていて、材料を入れて味見してみたら、たまに自分の予想とは全然違う味になっていることがあります。材料をたったこれだけしか入れていないのに、なぜこんなにも味が変わってしまったのだろうとビックリ。味は単純な足し算ではないようです。

そこで京大カレー部は、カレーのベースとなる味に、別の味を少量加えることで、一体どのように味が変化するのかを調べてみることにしました。

脳が味を感じる際に起こる変化の組み合わせの法則性をわかりやすくするため、上記の総当たり表にまとめてみました。

それぞれの味がそれぞれの味を促進することもあれば抑制していたりと、組み合わせによって相互に作用しています。

例えば、「苦味：５」のコーヒーに「甘味：２」の砂糖を加えたら、きっと結果は「苦味：５／甘味：２」のコーヒーになると予測しますが、実際は互いに味が抑制されて、「苦味：４／甘味：１」になります。「甘味：５」のスイカに「塩味：２」の塩を加えると、今度は甘味が際立って、「甘味：６／塩味：１」になります。

この変化は、混ぜることで食材に化学的な変化が起きているのではありません。味覚を感じさせる成分量は同じにもかかわらず、脳が味を感じる際に、味覚の強弱が変化してしまうことで起こるものなのです。

五味の一つである「旨味」には、味同士の相乗効果という作用があります。これは同じ味を持つ食材同士の組み合わせによって、互いの味を高め合う効果です。

昆布や野菜など植物由来の「旨味（グルタミン酸など）」と、肉や魚など動物由来の「旨味（グアニル酸、イノシン酸など）」を組み合わせることで、単体で食べるよりも約10倍も「旨味」が強くなります。和食によく使われる合わせだしは、植物性の昆布だしと動物性の鰹だしが組み合わさってできたもので、とても強い「旨味」を感じさせます。

味の相互作用は、私たちがカレーを作る際にも重要で、例えば酸味を加える際、加える前は塩加減がちょうど良かったはずなのに、加えた後は塩味が強くなってしまいます。

あるいは肉を使ったカレーで「旨味」が足りないと感じた際に、植物性の「旨味」が出るトマトを加えたり、「旨味」を引き立たせるために塩分を加えたりすることができるようになります。

味の組み合わせの法則性をしっかりと覚えて、カレーの味を操る方法をマスターしましょう！

レシピ執筆者紹介

［50音順］

P076/086

大島輝

［医学部2回生］

カレー作りに失敗はない

P018/050/062

岡和來

［医学部4回生］

映えより大事なことって絶対ある

P060/090

加古有宜子

［農学部3回生］

カレーうどんは米に合う

P104/108/112

佐藤壮之介

［文学部2回生］

カレー食べてりゃどうにかなる

P014

塩津実久

［農学部4回生］

器選びも楽しいですよね

P012/022/036/040/048/056/058/064/100

鈴木七央也

［工学研究科M1］

どの国で食べてもカレーは美味しい

P034

高島真央

［法学部3回生］

カレーの包容力を侮るべからず

P010/046/066/116

田村夢海

［文学部4回生］

旬に旬をぶつけたら美味しくなる

P032/044/068/082/084/088

津井研人

［工学研究科M2］

スパイスは思っている2倍の量で

P016/020/024/098

塚本祐太

［総合人間学部2回生］

スパイスに頼りすぎるな

P072

丸田草太

［農学部3回生］

任意の料理はカレーと交点を持つ

P026/028/038/042

三浦大知

［工学研究科M1］

強火と弱火のメリハリが大切です

P092/106/110/114

三宅浩士朗

［農学部3回生］

結局みんなで食べるカレーが一番

P054/070/080/094/102

三宅祥太朗

［農学部3回生］

カレーは水と油と塩が命

P078

吉田健人

［農学部4回生］

カレーカレーカレーカレーカレー

Spice Hack

順位	ポイント	スパイス名
1位		コリアンダー
2位		カルダモン
3位		ブラックペッパー
4位		クローブ
5位		クミン
		パプリカパウダー
7位		シナモン
8位		マスタードシード
		カイエンペッパー
10位		スターアニス(八角)

【京大カレー部〈推しスパイス〉アンケート結果】

スパイスカレーを作る人、それぞれに〈推しスパイス〉があり、風味の個性へとつながっています。そのため、京大カレー部では、“カレーの味だけで、誰が作ったかのが判る”とよく言います。これはスパイスや食材の使い方に、部員の個性が顕著に表われていることを示しています。

そこで部員にアンケートを行い、それぞれの〈推しスパイス〉第1～3位までを聞き出してランキング化し、京大カレー部的〈推しスパイス〉を探ってみることにしました。結果は上掲グラフの通りです(ポイントは第1位3pt、第2位2pt、第3位1ptとして計算しています)。

人気第1位のコリアンダーは、スパイスカレーには必ず入れるといっても過言ではないほど、汎用性の高いスパイスです。みんなその優等生っぷりにぞっこんなようです。同様に第2位のカルダモンも、これまた非常に人気の高いスパイスです。続く第3位はブラックペッパーです。理由として「辛いのは苦手だけど、スパイシーさやアクセントが欲しいときにピッタリ！」「ハンドミルでゴリゴリ削るのが楽しい」などが挙げられました。ブラックペッパーは日常的によく見かけるからこそ、その新たな一面や魅力に気づいたとき、より一層好きになってしまうスパイスのようです。

第4位以降も、クローブやクミン、パプリカパウダーなど、スパイスカレー作りには欠かせないスパイスが続きます。どうやら部員にはなじみのある使いやすいスパイスが人気のようです。

冒頭でも述べたように、基本的なスパイスといっても、その組み合わせや食材の合わせ方で味のバリエーションは無限にあります。次に京大カレー部員が、具体的にどのようなテクニックでスパイスを使っているのかをご紹介します。

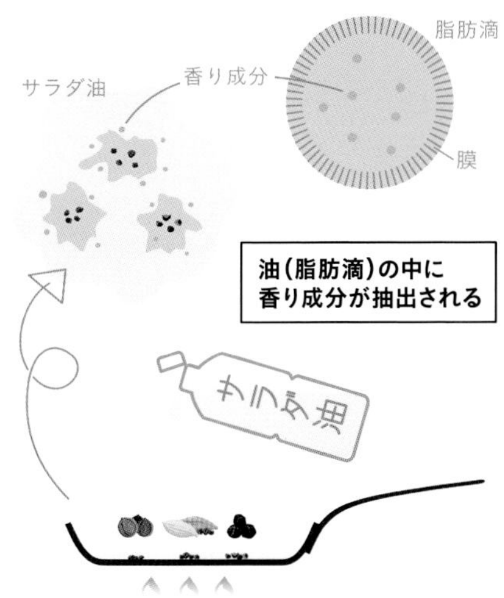

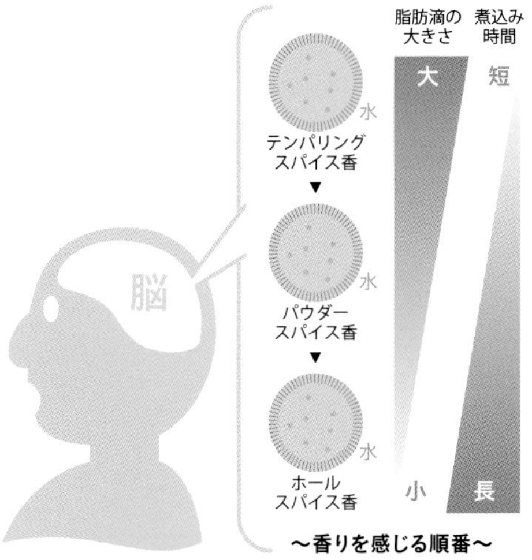

スパイスカレーの味は、スパイスを入れるタイミングやスパイスの形状で、ある程度コントロールすることができます。

まず、スパイスを鍋に入れるタイミングでカレーの味は変わります。そのタイミングは、大きく分けて３回あります。玉ねぎを炒める直前と玉ねぎを炒めた直後、そして仕上げの最終段階です。この３つのタイミングと順番が、カレーの仕上がりイメージに与える影響を一言で表せば、「地層」です。追加で入れたスパイスほど、口に入れた瞬間、鮮烈に香る一方で、熱々のカレーに飲み込まれ、最後にふんわりと香るのは、初めに入れたスパイスです。

この原因として考えられるのは、カレーに含まれる油分における脂肪滴のサイズです。スパイスの香り成分は油によく溶けます。香りが移った油はスパイスを炒めるときの撹拌動作や加熱による鍋内の対流によって、時間の経過とともに細かい油滴に変化しますが、後から追加したスパイスは油滴が大きく、すぐに口の中ではじけて香りを爆発させます。これが後に入れたスパイスほど口に入れてすぐに感じられ、最初の方に入れたスパイスが縁の下の力持ちを演じる理由です。食べる際にどんな順番で香りを感じてほしいのかを考え、逆算すればスパイスを入れる順序は必然的に決まります。

また、ホールスパイスよりもパウダースパイスの方が表面積が多い分、強く短期間に印象が残ります。難しいのはスパイスの量で、入れすぎるときつい香りや苦味が出てマイナスに作用します。そこで、スパイスカレーを作っていく中で、お気に入りのスパイスが見つかったなら、まずはレシピに載っているスパイス量を1.3倍程度にして作ることをオススメします。

皆さんもぜひカレー作りを通して、自分の味を見つけてみてください。スパイスの適正量を見切れるようになれば、あなたはスパイスカレー上級者です。

Casting Spice & Herb

カレーにはたくさんのスパイスが使われています。その主な使い方を京大カレー部員の経験を元にスパイスごとに紹介します。スパイスの量の目安として、４人分に使用する場合、大さじ１杯以上入れることが多いものを[主役]、小さじ１杯以上入れることが多いものを[脇役]、それ以下のものを[隠し味]とします。

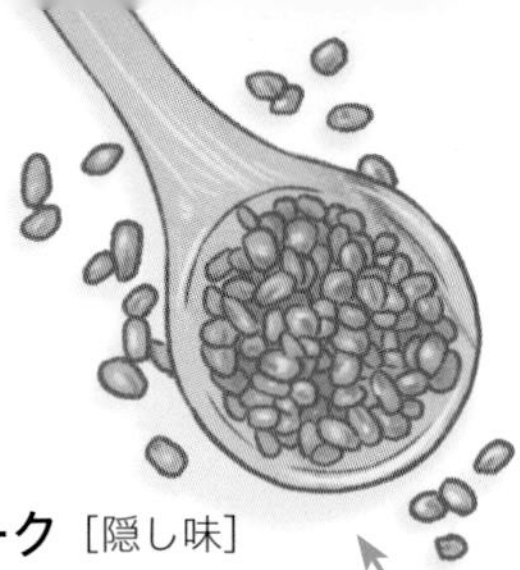

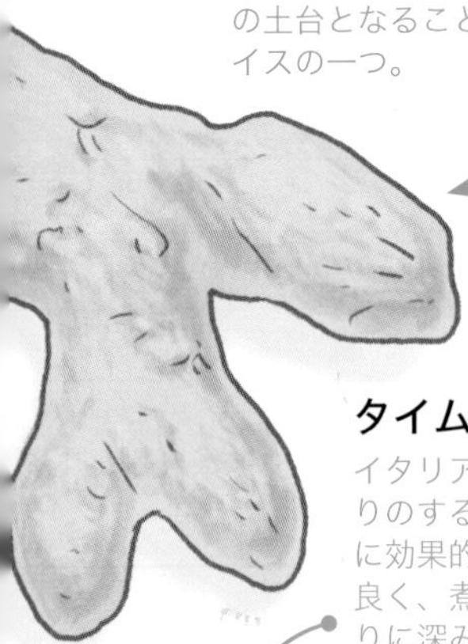

ターメリック [脇役]

鮮やかな黄色のスパイス。色づけとしてはもちろん、その土臭さを感じさせる独特な香りが、カレーの香りの土台となることから、重要なスパイスの一つ。

フェヌグリーク [隠し味]

甘いキャラメルのような香りのするスパイス。日本で慣れ親しまれているカレーの香りを生み出すための重要なスパイス。入れすぎると苦味が強くなるので注意。

ピンクペッパー [隠し味]

ピンクの見た目で、かわいらしさとスパイシーな香りが魅力。仕上げに振りかけると、見栄えが良くなるだけでなく、香りのアクセントにもなる。副菜に入れるのにも向いている。

タイム [隠し味]

イタリアンによく使われる濃厚な香りのするハーブで、食材の臭み消しに効果的。チーズやトマトと相性が良く、煮込み料理に入れることで香りに深みを出すことができる。

カルダモン [脇役]

清涼感があり「スパイスの女王」といわれるほど上品な香り。癖のない香りのため、どんなカレーにも合う華やかさが特徴。ホールをそのまま食べても美味しい。

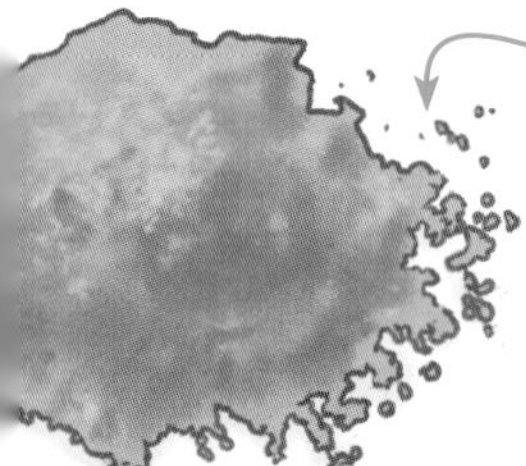

ガラムマサラ [主役]

インド料理などによく使われるミックススパイス。よりカレーらしさを求めたり、もっとスパイシーにしたいと思ったときに、気軽に足せる便利な存在。

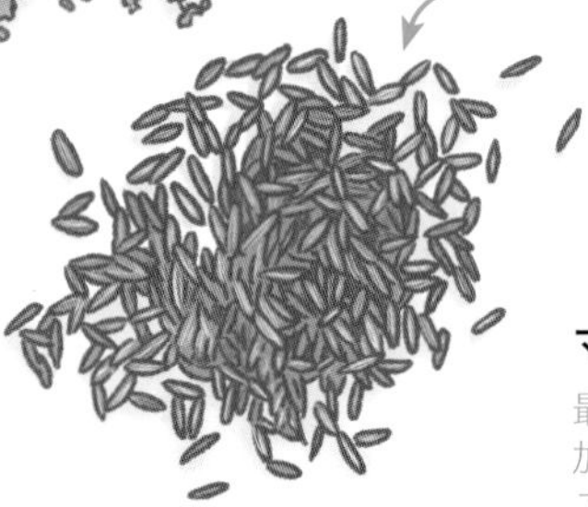

クミン [主役]

独特の強い香りは、ザ・カレーといった印象。しっかりと加熱して香ばしさを増すとより美味しくなるので、たっぷりと油を使ったカレーやしっかりと炒めたカレーによく合う。

マスタードシード [隠し味]

最後の仕上げで、油に香りを移して加えるときに用いられることの多いスパイス。特徴的な香ばしさとツンとした辛さは、ココナッツを用いる南インドのカレーなどによく合う。

ブラウンカルダモン [隠し味]

カルダモンとは別の品種で、刺激的でスモーキーな香りが特徴。癖の強い食材との相性が良く、大人な感じのカレーに仕上げることができる。

カイエンペッパー [脇役]

辛さを加えるために用いられるスパイス。品種によって香りや辛さが違うので、使う前に一度は確認しよう。入れすぎると辛味を減らすことが難しくなるので要注意。

陳皮 [脇役]

ミカンの皮を乾燥させたスパイスで、柑橘系の爽やかな香りが特徴。中華料理のスパイスとして知られているが、七味唐辛子にも使われるなど、日本人にもなじみ深いスパイス。

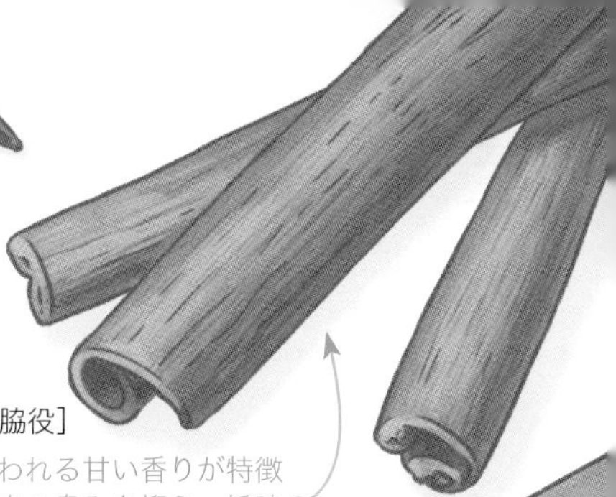

フェンネル［隠し味］

爽やかで突き抜けるような味と香りのするスパイス。ハーブのような香りは、臭み消しとして、癖の強い食材と相性が良い。魚やジビエ、ホルモン系の肉を使ったカレーなどに入れるのがオススメ。

スターアニス（八角）［隠し味］

中華料理によく用いられる。独特の甘い香りが特徴で、肉料理と大変相性が良い。油で炒めるのではなく、煮込み時に加える使い方が一般的。日本から中国へ進出した食品メーカーのカレールウにも使われている。

シナモン［脇役］

お菓子にも使われる甘い香りが特徴のスパイス。肉の臭みを抑え、旨味を引き出すことができる。コクが出るので、煮込みカレーに入れるのがオススメ。

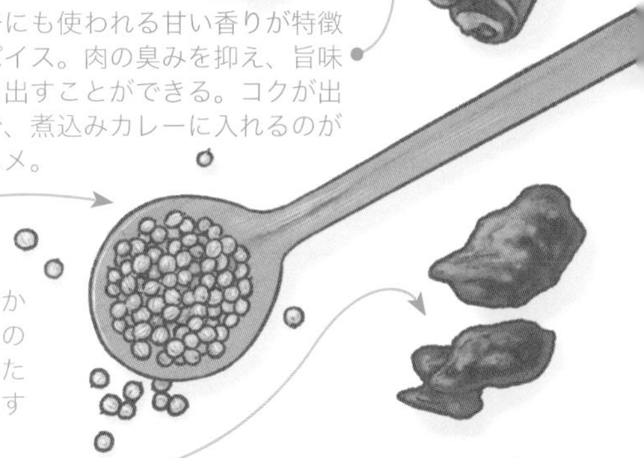

コリアンダー［主役］

最も多くのカレーに使われる爽やかな香りのスパイス。他のスパイスの味をまとめてくれるので、調整のため最後に加えることが多い。加えすぎても失敗することが少ない。

ヒング［隠し味］

本場インドでは「悪魔の糞」と呼ばれるほど、強い香りを放つスパイス。その一方で、少量を油で炒めるだけでカレーに一気に深みをもたらす。野菜や豆のカレーとの相性は抜群。

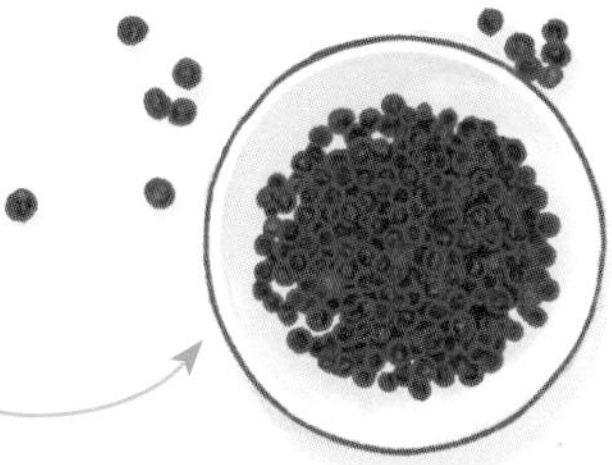

ブラックペッパー［脇役］

スパイシーな香りと辛さが特徴のおなじみのスパイス。肉の旨味と香りを引き立ててくれるので、キーマカレーによく合う。唐辛子の辛さが苦手な人でも使えるのがオススメ。

ホアジャオ（花椒）［脇役］

四川料理などによく用いられているスパイスで、爽やかな香りとピリッとした刺激が特徴。赤花椒と青花椒の２種類があり、それぞれで香りが少し異なる。

パプリカパウダー［脇役］

カレーに赤い色を添えるために使われるスパイス。唐辛子のような辛さを加えることなく、色と香りで食欲を増進させることができる。辛さが苦手な人に。

ローリエ［隠し味］

月桂樹の葉を乾燥させたもので、爽やかな香りが特徴。肉や魚の臭みを消してくれるので、煮込みカレーには欠かせない。煮込みすぎると苦味が出るので、途中で取り除くように。

クローブ［脇役］

甘くて刺激的な香りの強いスパイス。コク深いカレーにしたいときに用いる。肉の個性を生かすことができる。入れすぎると苦くなり、香りが強くなりすぎるので注意。

ナツメグ［脇役］

独特の香りのするスパイス。肉の香りを引き立てるので、ひき肉を使ったカレーによく合う。１人５ｇ以上入れると、様々な中毒症状を引き起こす場合があるので注意。

カスリメティ［隠し味］

フェヌグリークの葉の部分。甘い香りとほろ苦い風味が特徴。手で軽く揉んでから仕上げにカレーに振りかける使い方が一般的。バターチキンカレーにはこれ！という人も多い。

ローズマリー［隠し味］

バラのような香りのするハーブ。肉や魚の臭み消しに使う。香りが強く火を通してもあまりその香りが損なわれないので、肉や魚にすり込んだまま焼くと効果的。

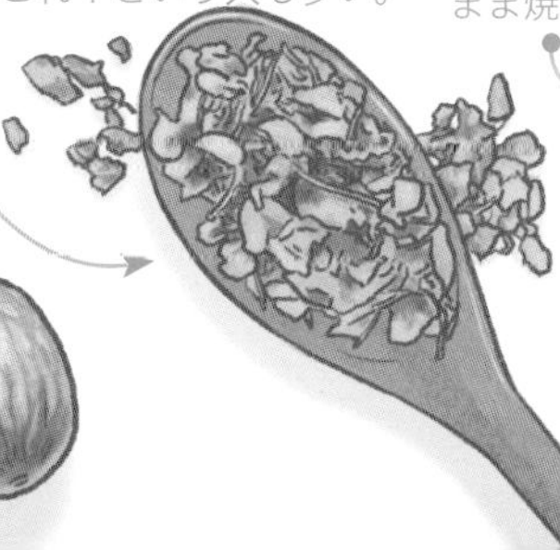

おわりに

高校３年生の春、書店でふと見かけた京大カレー部４代目部長・石﨑楓さんが書いた『京大カレー部スパイス活動』を読んだとき、衝撃が走りました。「カレーって奥深い！　カレーについて本気でやってて、すごく楽しそう！」

それがきっかけで、志望校を京都大学にしようと決心し、無事に合格しました。まもなく京大カレー部に入部し、様々な経験を重ねているうちに、気づけば、こうして今度は自分たちが京大カレー部の本を執筆しています。これには何か運命的な、神秘的な縁をひしひしと感じざるを得ません。偉大な軌跡を残した先輩方から受け継いだバトンを、僕たちも誰かに渡すことができたらいいな、などと淡い期待を秘めながら原稿を書いていました。

スパイスカレーの作り方は人生と同じです。手順がみんなバラバラでも、最終的には全部美味しいカレーになってしまいます。さらに、具材の種類によってカレーは彩り豊かに、味わい深いものへと変貌していきます。作る人によって多種多様なカレーがあり、決して同じカレーは存在しません。人生もカレーも、いろんな人との出会いや様々な経験を通じて、スパイシーでコクのある何かにしていけたらいいなと思います。

今回の出版にあたって、長年の京大カレー部のファンであり、前回から引き続き編集を担当してくれた神崎夢現さまに感謝を述べたいです。それから、美味しそうなカレーに撮って頂いた写真家の久保田狐庵さま、わかりやすいイラストに表現して頂いたイラストレーターのTOAさま、撮影場所を提供してくださったスリランカキッチン「クルンドゥー」さま、そして京大カレー部の活動を応援してくださる皆さん、何よりも素晴らしいレシピをたくさん考案してくれた京大カレー部の部員みんなに、心からの感謝を申し上げます。本当にありがとうございました。

2020年４月

三宅浩士朗　三宅祥太朗

参考文献

『京大カレー部 スパイス活動』石﨑楓（世界文化社）

『スパイス生活』シャンカール・ノグチ（地球丸）

『カレー・バイブル』（ナツメ社）

『カレー粉・スパイスではじめる旨い!　家カレー』小宮山雄飛（朝日新聞出版）

『「ナイルレストラン」―ナイル善己のやさしいインド料理』ナイル善己（世界文化社）

『コーヒー抽出の法則』田口護・山田康一（NHK出版）

『プリンに醤油でウニになるー味覚センサーが解明した仰天の食の謎』都甲潔（ソフトバンククリエイティブ）

『おいしさを科学する』伏木亨（筑摩書房）

『いちばんやさしいスパイスの教科書』水野仁輔（パイインターナショナル）

『スパイスカレー事典』水野仁輔（パイインターナショナル）

『南インド料理とミールス』ナイル善己（柴田書店）

『基本のソース・ドレッシング・たれ―食材の生命を開花させる演出家たち』浅田峰子（グラフ社）

『人気のイタリアン――流シェフがわかりやすく手ほどき』別冊家庭画報（世界文化社）

『人気のビストロフレンチ――流シェフが手ほどきする』別冊家庭画報（世界文化社）

「市販の固形ブイヨンを比較」樋口直哉 https://note.com/travelingfoodlab/n/n700f8be6c816

Profile

京大カレー部

2010年京都大学総合人間学部にて発足。カレーの食べ歩きだけでなく、学内・京都・関西・日本全国を舞台に、各種イベントにてスパイスカレーを製造販売。一期一会の場でしか食べられないオリジナルコンセプトのカレーと、集まる人々との化学反応が持ち味。近年では、部員による間借り店舗「一炊の夢」、各店舗とのコラボ、一般向け公開カレー講座、高校での調理実習の手伝いなど、活動の幅も広がり、テレビ・ラジオ・新聞・WEBメディアにも数多く取り上げられる。最大の見せ場は年に一度の京大学祭「11月祭」への出店、2019年はカレー3000食以上を売り上げた。座右の銘は、「カレーは愛。愛こそカレー。それがジャスティス。」。学生個人の感性が生み出す創造的なスパイス活動を京都から世界へと広げている。2017年『京大カレー部 スパイス活動』(京大カレー部4代目部長 石﨑楓・著／世界文化社)。

[HP]
https://kyodaicurryclub.jimdofree.com/
[Facebook]
https://www.facebook.com/kyoudaicurryclub/
[Twitter]
https://twitter.com/kyodaicurrybu/
[Instagram]
https://www.instagram.com/kyoudaicurrybu/

京大カレー部部員(2020年3月末現在)

浅野裕太朗/内山民恵/大島輝/岡和來/加古有宜子/久山智弘/後藤良輔/権田敦子/坂口太規/佐藤壮之介/塩津実久/鈴木七央也/鈴木愛美/高島真央/田村夢海/津井研人/塚本祐太/寺原由成/中平奈穂/林一成/林恵利/藤原萌/丸田草太/三浦大知/三宅浩士朗/三宅祥太朗/宮守遙佳/三輪有哉/八木田智哉/横井朱里/横藤早紀/吉田健人(五十音順)

京大カレー部活動歴(2017〜19年)

【テレビ出演】

2017年 5月 2日「おやかまっさん」KBS京都
2017年 5月22日「おはようコールABC」朝日放送
2018年 8月11日「食彩の王国」テレビ朝日
2019年 5月20日「痛快! 明石家電視台」毎日放送
2019年 6月25日「レディース有吉」関西テレビ

【ラジオ出演】

2017年 3月28日「GLOBAL KYOTO」FM87.0
2017年 6月29日「女と男と木村のシャバダバ元気!!」KBS京都
2018年 1月25日「HATS UP」「京のケオリ」FM京都/α-station
2018年10月 5日「GO!GO!フライデーショー！」ラジオ大阪
2019年 7月30日「ま〜ぶる! 竹内弘一のズキュ〜ン」KBS京都

【新聞・雑誌出演】

2017年 4月 5日 富山新聞「京大カレー部 集大成」
2017年 4月 6日 神戸新聞
2017年 4月18日 京都新聞「奥深きカレーの世界 本に」
2017年 5月 1日 MK新聞「京大カレー部 スパイス活動」
2017年 5月 9日 産経新聞「京大カレー部 女子部長の挑戦」
2017年 5月26日 ホットペッパー京都「ご当地カレー特集」
2017年 6月13日 毎日新聞東京版夕刊「鍋の中で踊る生命」

2017年 8月15日 PEN特集・365日カレー天国。「京大カレー部直伝 地産地消の絶品レシピ」
2018年 9月29日 産経新聞「京大カレー部、理論で追求『本格派の味』大阪・船場まつりに初出店」
2019年 7月19日 烏丸経済新聞「『京大カレー部』が朝活講座 科学に基づく『朝カレー』試食も」
2019年 9月10日 京都新聞「奥深きカレーの世界『京大カレー部』高校生にカレー作り伝授」
2019年11月18日 中日新聞「京大カレー部、探究心大盛り、学祭で人気、イベント出張も」

【WEBメディア出演】

●京大発オンラインメディア・サンロクマル『「カレーになりたい」その愛は縦横無尽。京大カレー部・石﨑楓の「全てをカレーにする野望」とは』
●マイナビ学生の窓口『京大の頭脳で考えるカレーとは!? 独自の研究を進める「京大カレー部」に直撃!』
●WEBマガジン"コロカル"「カレーで町おこしは可能か!?」
●Jタウンネット『京大カレー部のモットーは「カレーは愛。愛こそカレー。それがジャスティス」』
●GATSBYデオドラント「#ガチ勢応援」
●コトカレ「京大カレー部が作るこだわりのカレーが絶品過ぎた」/「京大カレー部に潜入! 彼らのカレーに込める愛とは!?」
●メシ通『「京大カレー部」のカレーはスパイス度も偏差値も高めだった』
●それどこ『カレーは研究対象!の集団「京大カレー部」の部室に潜入してみた』/『カレーマニアが愛用する「市販のカレールー」を聞いてみた! おすすめルーで作る本格カレーレシピも紹介』

出店歴(2017〜19年度)

2017年度
4月 出版記念イベント@アナン邸(神奈川)
出版記念イベント@はっち(大阪)※講演のみ
出版記念イベント@恵文社(京都)
5月 雉子団長殺し(生きた鶏をさばいてその場でカレに調理する)@京都大学
CURRY NIGHT@GACCOH(京都)
7月 フェアトレードサークル「まなびやハチドリ」とのコラボカフェ@京都大学
出版記念イベント@イオンモール京都桂川(京都)
10月 カレー事情聴取@油野美術館(大阪)
福光まちなか文化祭@南砺市(富山)
11月 京都大学11月祭@京都大学
都ライト@上京区の京町家(京都)
3月 カレーフェスタ@三井アウトレットパーク滋賀竜王(滋賀)

2018年度
5月 カレーダービー@京都競馬場(京都)
8月 SCOT国際演劇祭@利賀村(富山)
9月 新潟遠征@新潟カレー部(新潟)
10月 カレー事情聴取@油野美術館(大阪)
船場まつり@船場センタービル(大阪)
京大カレー部ナイト(偶数月に開催/〜2019年6月)@カレー工房ギャー(京都)
11月 スパイス講座ワークショップ@クックパッドスタジオ心斎橋(大阪)
京都大学11月祭@京都大学
12月 一炊の夢(隔週日曜日の間借り、継続中)@NINIROOM(京都)

2019年度
6月 クリエイティブクッキングバトル@ラクエ四条烏丸(京都)
8月 朝活カレー講座@烏丸ベース(京都)
9月 シアター・オリンピックス出店@利賀村(富山)
トルボットバーガーコラボ出店@Talbot(京都)
スパイスカレー調理実習@京都府立須知高校(京都)
10月 船場まつり@船場センタービル(大阪)
京都学生祭典@岡崎公園(京都)
11月 京都大学11月祭@京都大学
12月 北コミ祭り@北青少年活動センター(京都)
2月 Barカタルシスコラボ出店@語りBarカタルシス(京都)

京大カレー部
秘伝のスパイスカレーレシピ

2020年6月20日 初版印刷
2020年6月30日 初版発行

著者
京大カレー部

発行者
小野寺優

発行所
株式会社河出書房新社
〒151-0051 東京都渋谷区千駄ヶ谷2-32-2
電話:03-3404-1201[営業] 03-3404-8611[編集]
http://www.kawade.co.jp/

編集・構成・デザイン
神崎夢現
[mugenium inc.]

本文組版・図表
小石和男

企画
mugenium inc.

撮影
久保田狐庵[メイン撮影]・京大カレー部[メイキング撮影]

イラスト
TOA

印刷・製本
凸版印刷株式会社

撮影協力
スリランカキッチン[クルンドゥ]
〒606-8306 京都市左京区吉田中阿達町33-15 電話:075-204-0077

ISBN978-4-309-28803-1